Den jüdischen Messias erlebt

Aktuelle Lebensberichte von Juden und Arabern

Hanspeter Obrist (Herausgeber)

BRUNNEN
VERLAG BASEL · GIESSEN

Den jüdischen Messias erlebt

Aktuelle Lebensberichte von Juden und Arabern

Bibliografische Information der Deutschen Bibliothek
Die Deutsche Bibliothek verzeichnet diese Publikation in der Deutschen Nationalbibliografie; detaillierte bibliografische Daten sind im Internet über http://dnb.ddb.de abrufbar.

Die Bibelstellen sind, soweit nicht anders angegeben, der Lutherbibel 1999 (mit neuer deutscher Rechtschreibung) entnommen.

Verlag: Brunnen Verlag Basel
Bestellnummer: 111.389
ISBN-10: 3-7655-1389-X
ISBN-13: 978-3-7655-1389-3
Titelfoto: Hanspeter Obrist
Umschlaggestaltung: Rita Binkert
Satz: Maja Burkhalter
Druck: Ebner & Spiegel GmbH, Ulm
Printed in Germany

Inhaltsverzeichnis

Vorwort

Während meiner Reisen nach Israel fasziniert es mich immer wieder aufs Neue, wie Gott die unterschiedlichsten Menschen in seine Nachfolge ruft und ihr Leben auf eine unglaubliche Weise verändert. Die hier zusammengestellten Lebensbilder von Menschen jüdischer und arabischer Herkunft sind eine große Ermutigung für unser eigenes Leben. Wenn Gott sie verändern konnte, dann kann er auch uns verändern und gebrauchen. Gott ist treu, und er ist heute noch derselbe wie zu biblischen Zeiten. Deshalb war es mir ein großes Anliegen, Sie an der aktuellen Geschichte, die Gott im Leben dieser Leute schreibt, teilhaben zu lassen. Die sieben Lebensberichte eignen sich ganz besonders als Geschenk, Ermutigung und Herausforderung für jedermann.

Dieses Buch entstand unter der tatkräftigen Mithilfe von Catherine Meerwein, Tabea Andörfer, Annemarie Obrist, Rita Binkert, Maja Burkhalter, Vera Hahn und Christian Meyer. Ich danke ihnen ganz herzlich für ihren Beitrag zur Veröffentlichung.

Mein tiefster Wunsch ist es, dass dieses Buch ein Segen für möglichst viele Menschen werden darf. Mehr über diese Personen erfahren Sie, wenn Sie die Zeitschrift «Messianisches Zeugnis» oder die Gebetsmail bestellen. Darin berichten wir von den messianisch-jüdischen und arabisch-christlichen Personen und Werken.

Hanspeter Obrist
Leiter der amzi
Arbeitsgemeinschaft für das messianische Zeugnis an Israel,
Reinach und Lörrach

Andy Ball im Bibelshop

Der Shop in Tel Aviv an der Ben-Yehuda-Straße

Mitarbeiterin Daisy mit philippinischen Gastarbeiterinnen

Andy Ball

Ein Versprechen mit Folgen

Andy Ball ist der Geschäftsführer des Bibelladens an der Ben-Yehuda-Straße in Tel Aviv. Er lebt in Bat Yam und hat ein weites Herz für alle Volksgruppen und Gesellschaftsschichten in Israel. Er ist ein Ältester der Gemeinde «Brit Olam» in Tel Aviv.

Eltern aus Rumänien

Meine Eltern, beide an Jesus gläubige Juden, kamen aus Rumänien, wo sie sich bereits kennen gelernt hatten, bevor sie 1950 nach Israel kamen und heirateten. Mein Vater arbeitete für die anglikanische Kirche, war Diakon in der «Immanuel-Kirche» und führte den Bibelladen in Aschdod, bis dieser niedergebrannt wurde. Meine Mutter arbeitete im Bibelshop in Tel Aviv. In Aschdod mussten sie mit dem Bibelladen viel Verfolgung erleiden. Die Leute kamen und spuckten an die Schaufenster. Mein Vater ging dann hinaus und sagte: «Danke vielmals. Es ist mir eine Ehre, die Scheibe wieder zu reinigen. Ihr könnt mich damit nicht ärgern. Gott segne euch.»

Der Anfang

Zu jener Zeit wohnten meine Eltern in Jaffa, wo ich auch geboren wurde. Mein Vater fuhr dreimal in der Woche nach Aschdod. Eines Tages wollte er in den USA mit einem Restaurant sein Geld selbst verdienen. Er war ein guter Koch und wollte sein Glück machen. Die Mutter zog mit uns Kindern nach England um, damit wir die Sprache lernen konnten, da wir später in die USA nachreisen sollten. Doch dazu kam es nicht. Bereits nach drei Jahren kehrten wir alle wieder nach Israel zurück, da meine Eltern merkten, dass Gott sie in Israel haben wollte.

Zuhause sprachen wir Rumänisch und Hebräisch, und ab und zu redeten meine Eltern auch Deutsch miteinander – als eine Art Geheimsprache. Weil wir in Jaffa in die Immanuel-Kirche gingen, wo der Gottesdienst in Deutsch und Rumänisch war, verstanden wir Kinder diese Sprache jedoch sehr schnell. In dieser Gemeinde gab es viele Rumänen, da viele rumänische Juden, die nach Israel auswanderten, zuhause in Rumänien Kontakte zur Norwegischen Mission gehabt hatten. 1952 waren es über 30 Gläubige, die sich in einem Raum über dem alten Bibelladen in der Elat-Straße trafen. Ein Pastor kam aus dem rund vier Stunden entfernten Haifa nach Tel Aviv, um uns zu unterrichten.

Geheilt

Ich wuchs zwar in einer messianischen Familie auf, doch das machte mich nicht automatisch zu einem Gläubigen. Wir lebten in einem der schlimmsten Stadtviertel in Israel, und es ist ein Wunder, dass auch alle meine Geschwister heute treu mit dem Herrn leben. Unter meinen Freunden befanden sich Diebe und Drogenabhängige, von denen viele im Gefängnis landeten, einige sogar schon mit 13 Jahren.

Als Kind litt ich unter sehr starkem Asthma. Viele beteten für mich, auch so berühmte Leute wie Billy Graham. Ich war sehr schwach. Jede größere Anstrengung führte unweigerlich zu einem Krankenhausaufenthalt. Mit zwölf Jahren ging ich auf die Knie und betete: «Gott, hilf mir! Ich bin sehr krank. Wenn du mich heilst, will ich den Rest meines Lebens für dich arbeiten.» Einige Tage später war ich völlig gesund.

Kurz darauf fand in meiner Schule ein Kindermarathon statt, an dem nun auch ich teilnehmen konnte und sogar den ersten Preis gewann. Als ich meinem Arzt den Pokal mit meinem darauf eingravierten Namen zeigte – der Pokal wird übrigens immer noch in jener Schule aufbewahrt –, traute dieser seinen Augen nicht und meinte, dies sei medizinisch unmöglich.

So musste ich glauben, dass Gott lebt und Gebet erhört, denn ich hatte sein Wirken am eigenen Leib erfahren. Gott hatte auf das Gebet eines Kindes reagiert! Man musste also nicht zuerst berühmt und erwachsen werden, um zu beten.

In der Schule bloßgestellt

Ich besuchte eine Zeit lang die christliche Tabita-Schule, wo ich eine liberale Religionslehrerin hatte. Sie kannte meinen Vater gut und wusste, dass wir als Familie in die Immanuel-Kirche in Jaffa gingen. Sie hatte die Gewohnheit, mich vor der ganzen Klasse bloßzustellen, indem sie mir schwierige Fragen stellte. Damals war gerade der Film «Jesus Christ Superstar» erschienen. Unsere Lehrerin war so begeistert von dem Film, dass wir ihn uns alle ansehen mussten. Danach fragte sie mich direkt, warum ich nicht viel von dem Film hielt. So musste ich vor der ganzen Klasse erklären, dass ich das Ende des Films als problematisch ansah, da es keine Auferstehung Jesu gab, woraufhin mich alle auslachten.

Wer bin ich?

Ich fragte einmal meinen Vater: «Wer bin ich?» – Damals kannte man den Begriff «messianischer Jude» noch nicht; man sprach von «hebräischen Christen» und «Judenchristen». Meine Freunde behaupteten, ich sei Christ. Doch andererseits wusste ich, dass wir Juden waren. Als wir als Familie zweieinhalb Jahre in England waren, wurde ich als Jude mit vielen hässlichen Namen bedacht. So kam es, dass ich eines Tages meinem Vater die Frage nach meiner Identität stellte. Seine Antwort war: «Du bist ein vollendeter Jude.» Ich verstand damals nicht, was er meinte. Erst einige Jahre später wurde mir klar: Ich bin nicht besser, aber ich kenne den jüdischen Messias. Somit bin ich vollendet. Das heißt, ich bin ein Jude, der die göttliche Vollendung im Messias erfahren hat. Das war für mich eine wichtige Hilfe. Als der Begriff «messianischer Jude» aufkam, konnte ich mich mit ihm voll identifizieren. Er ist für mich passender als «Judenchrist» oder «hebräischer Christ».

Für mich ist es wichtig, dass ich Jude bin, besonders auch im Kontakt mit unseren Kunden. Ich habe das Judentum nicht verlassen. Sowohl meine Mutter als auch mein Vater kamen aus einer orthodoxen Familie und haben ihre jüdische Identität an uns weitergegeben. Für mich war es nicht einfach als Kind, da ich als messianischer Jude unter den anderen Kindern in meinem Alter allein auf weiter Flur zu sein schien. Dies ist auch heute noch so. Als messianische

Juden sind so manche Kinder völlig alleine in ihrer Klasse oder Schule. Damals war ich in unserer Gemeinde der Einzige in meinem Alter. Ich besuchte jede Woche eine so genannte «Jugendgruppe», in der 25-, 40- oder auch 50-jährige Singles zusammenkamen. Einmal im Monat trafen sich die gläubigen Jugendlichen von arabischer und jüdischer Seite aus dem ganzen Land in der Immanuel-Kirche. Wir waren bis zu 200 Personen und übernachteten auf Matratzen. Damals war es normal für Juden und Araber, sich zu treffen. Heute ist das wieder schwieriger geworden.

Beruf und Berufung

Mit 17 Jahren machte ich eine Ausbildung zum Goldschmied. Wegen meines Asthmas musste ich nicht ins Militär, obwohl ich geheilt war. Doch die Armee wollte kein Risiko auf sich nehmen, da sie bei einem Rückschlag während des Dienstes für mich hätte sorgen müssen. So schlug ich diesen Weg ein, da ich Geld verdienen wollte. Bald hatte ich ein mehr als doppelt so hohes Einkommen wie mein Vater. Ich war glücklich. Doch eines Tages ging das Geschäft nicht mehr so gut. Zur gleichen Zeit hörte ich, dass eine Stelle im Bibelladen in Tel Aviv frei war. Kurzum bewarb ich mich dafür.

Da ich viele Missionare kannte und sah, dass sie in großen Häusern lebten und schöne Autos fuhren, dachte ich, es sei gut und lohnenswert, auch in den vollzeitlichen Dienst zu gehen. Doch ich erhielt auf meine Bewerbung hin eine Absage. So blieb mir nichts anderes übrig, als weiter als Goldschmied zu arbeiten. Doch die Zeiten waren schwierig, denn wir hatten damals in Israel eine Inflation von 1000 Prozent. Einige Zeit war vergangen, als ich erfuhr, dass die Stelle im Bibelladen wieder frei war. Ich betete zu Gott: «Gib mir diesen Job.» Ich schrieb vier Briefe, doch wiederum bekam jemand anderes die Stelle. Daraufhin wollte ich nichts mehr damit zu tun haben.

Nach einiger Zeit verdiente ich wieder sehr gut. Eines Abends, es war bereits neun Uhr, klopfte jemand von der norwegischen Missionsgesellschaft an meine Tür. Er meinte: «Ich habe gehört, dass du an der Stelle im Bibelladen interessiert bist.» Ich antwortete: «Nein, das stimmt nicht mehr. Ich verdiene momentan sehr gut und brauche keine andere Arbeit.» Mein Besucher fuhr unbeirrt fort: «Aber wir wissen von Gott, dass du dort arbeiten sollst. Ich bin nur hier, um deine Zusage entgegenzunehmen.» Und dann: «Sage mir morgen Bescheid, wann du anfangen kannst.» Danach drehte er sich um und ging.

Ich konnte die ganze Nacht nicht schlafen. Ich musste über das Versprechen nachdenken, das ich Gott gegeben hatte: «Ich werde alles tun, was du willst.» Am nächsten Morgen nahm ich Kontakt mit der norwegischen Missionsgesellschaft auf und teilte den Leuten dort mit, dass ich für sie arbeiten würde. Allerdings sah ich ein großes Problem darin, meinem Chef beizubringen, dass ich die Firma verlassen würde. Wir hatten eine sehr enge Beziehung, so eng, dass er sogar vorhatte, mir eines Tages das ganze Geschäft zu übergeben. Ich ging also zu ihm und verkündete ihm, dass ich von jetzt an die Leitung eines Bibelladens übernehmen würde. Er verordnete mir zunächst einen Monat Urlaub. Als ich zurückkam, half ich ihm, einen Nachfolger für meine Stelle in seiner Firma zu finden. Seit dieser Zeit, es war 1984, sind viele Jahre ins Land gezogen, und ich arbeite immer noch im Bibelshop.

Von Gott verändert

Gott hat mich verändert. Seit ich im Bibelladen arbeite, bin ich ruhiger geworden. Vorher war ich sehr impulsiv, konnte schnell explodieren und kündigte manchmal Leuten ohne Grund. Doch jetzt bin ich ein anderer Mensch. Zuerst war meine neue Arbeit sehr seltsam für mich, da ich gewohnt gewesen war, mit Tausenden von Dollars zu handeln. Nun stand ich in einem Geschäft und wartete auf Kundschaft. Damals verkauften wir monatlich Bücher im Wert von rund 60 US-Dollar. Das beinhaltete ca. vier Bibeln pro Monat und war damals ein gutes Resultat. Die Vorgesetzten kamen und sagten mir: «Andy, was machst du nur, dass der Bibelladen nun so gut läuft?» Ich lachte, denn für meinen Begriff war dies kein Umsatz. So kamen in mir Zweifel auf, ob der Bibelshop wirklich der richtige Platz für mich war. Aus meiner Sicht war es nur verlorene Zeit, hier zu sitzen und auf Kunden zu warten. Heute verkaufen wir nach unserer Statistik sechs Bibeln pro Tag. Wir haben den Laden umgebaut, so dass er viel freundlicher ist. Nun bin ich mir sicher, dass dies der Platz ist, an dem Gott mich haben möchte.

Viele Erlebnisse haben mich geprägt. Ich lernte vor allem Geduld. Manches geschah nicht so, wie ich es mir vorgestellt oder vorgenommen hatte. In den ersten Monaten war ich voller Feuer und wollte ganz Israel retten. Doch ich musste begreifen, dass es nicht auf diese Art und Weise geht.

Bibeln aus aller Welt

Am Anfang war ich der Meinung, wir sollten nur Bibeln in den lokalen Sprachen verkaufen. Schließlich sind wir in Israel, warum sollten wir Bibeln in Deutsch verkaufen? Die Leute können sie doch in Deutschland oder der Schweiz bekommen.

Doch eines Tages kam ein Amerikaner, um die 90 Jahre alt, zu uns und fragte: «Was ist das für ein Geschäft?» Ich sagte: «Es ist ein Bibelladen.» Darauf meinte er: «Bibel? Was ist eine Bibel?» – Kann das wahr sein? Da kommt einer aus Amerika nach Israel und hat in seinem langen Leben noch nie gehört, was eine Bibel ist? So erklärte ich es ihm. Darauf meinte er: «Ich bin nun zu alt. Wenn ich jünger wäre, dann hätte ich ein anderes Leben gehabt.» Darauf schenkte ich ihm eine Bibel. Er sagte: «Es ist zu spät.» Ich antwortete: «Es ist nie zu spät.» Der Mann begann, wie ein Kind zu weinen. Da wurde mir mit einem Mal klar, dass unser Shop für jeden da sein muss, und nicht nur für eine bestimmte Gruppe von Leuten. Wir haben hier die einmalige Möglichkeit, Leute zu erreichen, die sonst nie in einen Bibelladen gehen würden, egal ob sie aus Amerika, Deutschland oder der Schweiz kommen. Wir haben heute Bibeln in mehr als 50 Sprachen. Am meisten gefragt ist natürlich die hebräische Bibel, wir sind ja hier in Israel. An zweiter Stelle folgt die englische, weil es eine sehr beliebte Sprache ist.

Bis ans Ende der Welt

Einmal kam eine Frau aus Norwegen zu mir. Sie sagte: «Wegen Ihnen hat sich meine Tochter für Jesus entschieden.» Ich antwortete: «Ich kann mich nicht an sie erinnern.» Da erzählte die Frau: «Meine Tochter war ein Hippie. Sie war oft am Strand, nahm Drogen und hatte viele Männergeschichten. Sie gaben ihr eine Bibel und waren freundlich zu ihr. Dies beeindruckte sie sehr. Sie kehrte nach Hause zurück und las in der Bibel, woraufhin sie Jesus ihr Leben anvertraute.» Ich bin mir sicher, ich hätte diese junge Frau nicht mehr erkannt. Doch ich weiß, unser Bibelladen ist ein Geschäft für jedermann. Nicht nur für Israelis, sondern für alle Verlorenen der ganzen Welt.

Messianischer Jude

Vor 30 Jahren wusste kaum jemand, was ein messianischer Jude ist. Wenn man damals sagte: «Ich glaube an Jesus», war die Antwort: «Es gibt keine Juden, die an Jesus glauben.» Heute ist das anders. Leute kommen in den Bibelladen und sagen: «Du musst ein messianischer Jude sein.» Heute wissen sie, wer wir sind. Es hat sich viel verändert hier in Israel.

Neue Generation

Die heutigen Jugendlichen sind eine völlig andere Generation. Als mein Vater damals ab 1950 evangelisierte, hatte er immer eine braune Tasche mit Bibeln dabei. Bei seinen Gesprächen gab er seinem Gegenüber jeweils spätestens nach zwei Minuten Literatur mit auf den Weg. Für mich als Kind war das schwierig. Denn oft begann der halbe Bus zu schreien, zu schimpfen und zu spucken. Von vielen messianischen Juden wurde er verachtet, weil er Bibeln weitergab. Die vorherrschende Haltung in den messianischen Gemeinden war, dass man so etwas in Israel einfach nicht tut. Was für ein Unterschied zu heute. Jetzt gehen die Gemeinden auf die Straßen und geben Bibeln weiter. Uns ist bewusst geworden, dass man zu den Verlorenen hingehen muss, weil sie nicht einfach so zu uns kommen. Gerade vor kurzem haben wir bei einem Festival innerhalb von drei Tagen 9000 Johannes-Evangelien verteilt.

Die messianischen Gemeinden

Zu der Zeit, als die messianische Gemeinde, zu der ich gehöre, gegründet wurde, war sie eine von 34 in Israel. Heute gibt es über 100 messianische Gemeinden in unserem Land, also hat sich ihre Anzahl innerhalb von 40 Jahren mehr als verdoppelt. Früher kamen Christen und gründeten Gemeinden, die sich dann mehr oder weniger auf eine bestimmte Anzahl von Mitgliedern einpendelten. Heute bilden die verschiedenen Werke und Gemeinden eine dynamische Bewegung. Sie gehen auf die Straße, wachsen und gründen selbst neue Kreise in neuen Regionen.

Begegnungen im Ladenalltag

Den Bibelladen in Tel Aviv gibt es nun schon nahezu 50 Jahre. Neben Menschen, die auf der Suche nach der Wahrheit sind, kommen viele Leute einfach so herein und sehen sich um. So auch eine Soldatin, die eine Ansichtskarte kaufen wollte. Sie sprach mit meiner Mitarbeiterin Daisy. Während sie sich bei uns umsah, fragte sie: «Was ist das für ein Geschäft?» Und Daisy antwortete ihr: «Dies ist ein Bibelladen. Wir sind messianische Juden.» Da begann die junge Frau sofort sehr tiefschürfende Fragen zu stellen: «Wenn Jesus der Messias ist, warum glauben wir Juden nicht an ihn?» Sie schien großes Interesse an diesem Thema zu haben und wollte ein hebräisches Neues Testament kaufen, hatte aber nicht genügend Geld bei sich. Daisy schenkte ihr eines, bevor sie nach drei Stunden intensiven Gesprächs glücklich den Laden verließ. Einige Zeit später kam sie nochmals vorbei, um weitere Fragen loszuwerden.

Der Rabbi

Einmal kam ein schwarz gekleideter Rabbi herein, blickte sich um und konstatierte, er sei wohl in einem Bibelladen gelandet. Er nahm ein Neues Testament, setzte sich damit in eine Ecke und begann darin zu lesen. Dann sagte er: «Es ist schon merkwürdig. Uns wurde so viel über das Neue Testament erzählt, aber es sind Lügen, es ist alles gar nicht wahr. Was ich jetzt gelesen habe, ist ganz anders. Kann ich eines kaufen?» Wir verpackten es gut, damit niemand sehen konnte, was er gekauft hatte.

Ein anderer Rabbi kam herein und fragte: «Habt ihr DAS Buch?» Ich erwiderte: «Welches Buch meinen Sie denn?» Er antwortete: «DAS Buch.» Jetzt verstand ich. Er meinte das Neue Testament, wollte aber das Wort nicht aussprechen. Auch ihm packten wir ein Neues Testament gut ein. Danach kam er immer wieder, um noch weitere Exemplare zu kaufen. Langsam wurde ich neugierig, wozu er so viele Neue Testamente brauchte, und beschloss, ihn direkt zu fragen. Er reagierte verletzt, anscheinend hatte er diese Frage gefürchtet. Da entschuldigte ich mich und erklärte ihm, dass es mich einfach interessierte, was er mit den Bibeln machte. Seine Antwort schockierte mich: «Sehen Sie, wir brauchen keine Hilfe, weder von Ihnen noch von sonst jemandem. Wir kennen die Schriften. Wir wollen selbst das Neue Testament lesen, und wenn es wahr ist, werden wir es selbst herausfinden.» Ich stimmte ihm zu. Danach kam er immer wieder und kaufte noch weitere Bibeln. Inzwischen kennen wir nicht nur unsere Namen, sondern sind auch gute Freunde geworden. Oft sitzen wir zusammen und diskutieren. Ich bete, dass er eines Tages erkennt, wer Jesus ist, und dass seine ganze Synagoge gerettet wird.

Bibeln sind gefragt

Einmal kam ein Ladenbesitzer aus der Nachbarschaft zu mir und bat um eine russische Bibel. Wir kennen diesen Mann sehr gut. Normalerweise kauft er bei uns Bibeln mit Olivenholz-Einband, um sie an Touristen weiterzuverkaufen.

Ich fragte ihn, warum er eine russische Bibel wolle. Er antwortete: «Ich möchte meiner Freundin ein Geschenk machen.» Das überraschte mich, denn es war mir bekannt, dass sie sich bisher nicht mit dem Glauben befasst hatten. Der Mann bemerkte meine Überraschung und fragte mich, ob ich fände, dass dies keine gute Idee sei. «Doch, doch», versicherte ich ihm, «das ist das beste Geschenk.» Später traf ich ihn wieder, und er bat mich, noch mehr Bibeln für ihn bereitzulegen, weil seine Freundin damit ihre Freunde beschenken möchte. Wir können Gott nur preisen, wie er dafür sorgt, dass die Gute Nachricht verbreitet wird.

Atheist fand Gemeinde

Eine weitere interessante Begegnung war die mit einem jungen Israeli, der sich als Atheist bezeichnete und einige Zeit in den USA gewesen war. Während seines Aufenthalts dort lastete seine Vergangenheit schwer auf ihm und ließ ihn nicht los. In seiner Verzweiflung fiel er eines Tages auf seine Knie und betete. Als er aufstand, empfand er, dass seine Last von ihm genommen war, doch konnte er nicht sagen, wie. Er suchte die nächstbeste Kirche auf und traf dort auf einen afroamerikanischen Pastor, der ihm den Rat gab, nach Israel zurückzukehren. Er sicherte ihm zu, dass er dort als Suchender unweigerlich auf Gläubige stoßen würde.

Als er nach Israel kam, war es sein erstes Ziel, einen Laden zu finden, wo er ein Neues Testament kaufen konnte. Und so kam es, dass er in einem Büchergeschäft auf eine Frau traf, die unseren Bibelladen kannte und ihm die Adresse gab. Als er uns aufsuchte, war Daisy gerade alleine im Geschäft. Sie kamen ins Gespräch, bei dem er so viel wie möglich über den Glauben an Jesus wissen wollte. Bevor er den Laden nach drei Stunden verließ, sagte Daisy ihm noch, wo er andere Gläubige kennen lernen konnte.

Ort der Veränderung

Einmal unterhielt ich mich im Laden mit einem Freund und war gerade dabei, ihm zu erzählen, wie gut Gott es mit uns meint, als eine junge Frau hereinkam. Wir führten unser Gespräch fort, doch es war offensichtlich, dass die neue Kundin uns genau zuhörte. Nach einer Weile ging sie wieder. Als ich am nächsten Morgen den Laden öffnete, stand sie wieder vor der Tür. Sie fragte, ob ich bereit wäre, mit ihr zu beten. Ich war einverstanden und bat sie, später wieder zu kommen, damit ich mehr Zeit für sie hätte. Am Nachmittag hörte ich dann ihre Geschichte. Sie kam aus den Niederlanden und hatte früher harte Drogen genommen, bis ihr jemand von Jesus erzählte. Sie begegnete Jesus, und ihr Leben veränderte sich.

Voll Freude sprach sie mit anderen Menschen über ihren Glauben. Einer von ihnen war ein Israeli, der auf ihr Zeugnis hin auch sein Leben Jesus anvertraute. Nach einer Weile kehrte er in sein Land zurück und lebte in einem Kibbuz. Irgendwann verliebten sich der Israeli und die Niederländerin ineinander. Der Mann lud die Frau ein, nach Israel zu kommen, um später vielleicht zu heiraten. Voller Freude kam die Frau nach Israel, doch nur um mit der schockierenden Tatsache konfrontiert zu werden, dass eine andere Frau von ihrem Freund ein Kind erwartete. Die junge Frau aus den Niederlanden war wütend. Warum hatte er ihr nichts von seiner neuen Beziehung erzählt, bevor sie nach Israel gekommen war? Wie konnte er nur behaupten, er wäre gläubig? Voller Wut und Verzweiflung verließ sie den Kibbuz und stand kurz vor ihrer Rückreise nach Holland, als sie in Tel Aviv an unserem Laden vorbeikam. Während des gesamten Gesprächs war sie sehr nervös, doch als wir dann beteten, wurde sie wieder ruhig.

In diesem Moment war ich sehr froh über die zentrale Lage unseres Ladens. Nur deshalb war die Frau hereingekommen, und nur so hatte ich ihr helfen können. Menschen, die verändert wieder aus unserem Laden hinausgehen, geben uns die Motivation dazu, hier Gott zu dienen.

Bibelladen in den Medien

Vor einiger Zeit wurden im Rahmen einer Sendereihe des Kabelfernsehens außergewöhnliche Geschäfte im Raum Tel Aviv und ihre Besitzer vorgestellt. Weil jemand den Bibelladen vorgeschlagen hatte, erschien auch ein Reporter bei mir und stellte zahlreiche Fragen. Während unseres Gesprächs kamen wir auf Hesekiel 9,6, wo im Hebräischen steht: «Niemandem mit dem Buchstaben Taw sollt ihr euch nähern.» Zur Zeit Hesekiels war der Buchstabe Taw ein Kreuz, heute ein Symbol für Jesus Christus. Aus dem geplanten Beitrag von zehn Minuten wurde eine halbe Stunde. Am nächsten Tag war der Bibelladen zusammen mit mir auf dem Titelblatt von zwei Zeitungen. Es war eine wunderbare Möglichkeit, auf Jeschua (hebräisches Wort für «Jesus» und «Retter») und unsere Bücher hinzuweisen. Gott führt manchmal auf ganz besondere Art.

Menschen finden den Retter

Eine Frau kam zu uns und wollte mit mir sprechen. Sie nahm gerade an einem Kurs über das Judentum teil, hatte jedoch Schwierigkeiten, gewisse Dinge einzuordnen. Da ich als Leiter eines Bibelladens die Bibel kennen sollte, kam sie schließlich zu mir. Sie sagte: «Ich habe gesündigt, und es bedrückt mich, dass ich vor Jom Kippur [Versöhnungstag] gesündigt habe.» Sie erzählte mir, was sie getan hatte, und fragte mich, was ich darüber denke. Ich meinte: «Was erzählen Sie mir Ihre Sünden, Sie sollten sie Gott sagen, und er wird Ihnen vergeben.» Sie war über die einfache Antwort überrascht und bat mich, ihr mehr zu erklären. Während unseres vierstündigen Gesprächs ging ich mit ihr verschiedene Bibelstellen durch. Es störte sie nicht, dass ich dazu auch das Neue Testament zu Hilfe nahm. Als sie den Laden verließ, war sie glücklich, weil sie jetzt wusste, dass Gott auch einer einfachen Frau vergibt.

Wir müssen dieses Buch lesen

Eines Tages bekam ich einen Anruf von einem Geschäft, das religiöse Artikel verkauft. Der Besitzer wollte einige Bücher bei uns bestellen, und auch wir bestellten einige bei ihm. Als er vorbeikam, um die georderten Bücher zu bringen, blickte sich der Mann um und sagte: «Wie ich sehe, verkauft ihr Neue Testamente. Wisst ihr eigentlich, wie viele Israelis zu uns kommen und das Neue Testament kaufen wollen? Das ist so schrecklich.» Daisy, unsere Mitarbeiterin, fragte, warum das so schrecklich sei. «Es ist so», sagte der Mann, «dass viele Israelis nach Indien gehen und dort Missionare kennen lernen, die sie dann zu einem Religionswechsel bewegen wollen.» Daisy fragte: «Was ist besser: dass die Jugendlichen zu einer Religion wie dem Buddhismus wechseln oder dass sie zu ihren Wurzeln zurückkehren?» Sie erzählte kurz, was sie glaubte. Der Mann war schockiert über das, was Daisy sagte, und antwortete: «Wenn man es von dieser Warte aus sieht, bin ich auch der Meinung, dass es besser ist, wenn sie sich für das Neue Testament interessieren und nicht in anderen Religionen verloren gehen.»

Einige Tage später kam ein junger Mann in jenes Geschäft und fragte nach einem hebräischen Neuen Testament. Er kam direkt aus Indien. Und so verwies man ihn auf uns.

Eines Tages ging Daisy an jenem Laden vorbei und sah sich das Schaufenster an. Dabei erblickte sie den Ladenbesitzer, wie er in seiner orthodoxen schwarzen Kleidung mit einem Neuen Testament in der Hand in einer Ecke saß. Anscheinend hatte ihn das Interesse der jungen Israelis am Neuen Testament neugierig gemacht.

Das Buch zum Film

Ein Nachbar kam in unseren Laden und fragte, ob wir ihm Geld wechseln könnten. Als er wartete, sah er, dass wir auch Videos und DVDs verkaufen. «Ah, ihr habt den Jesusfilm. Den habe ich gerade gestern gesehen! Andy, ich muss dir etwas erzählen, bitte setze dich.»

Ich folgte seiner Aufforderung, und er fuhr fort: «Ich möchte dir etwas über den Film sagen, das du sicher nicht weißt: Jesus war ein Jude! Wusstest du das?» «Ja», antwortete ich, «und es gibt ein Buch über den ganzen Inhalt des Films.» «Was? Du hast das Buch zum Film?», rief er begeistert und nahm das Jesus-Buch, ein Neues Testament, entgegen, das ich ihm unter die Nase hielt.

Ich will das Neue Testament lesen

Einmal kam ein junger Mann mit seiner Mutter herein. Er fragte nach einem Neuen Testament und wollte wissen, wo wir uns als Gemeinde treffen. Zuvor war er in Indien gewesen und hatte dort Leute kennen gelernt, die an Jeschua glaubten. Es war offensichtlich, dass dieser Mann einen großen Hunger nach Gottes Wort hatte. Dies war etwas, was ich weder vorher noch nachher auf diese Weise erlebt habe. Seine Mutter war allerdings ganz anderer Meinung und schrie ihn an. Am Ende sagte der junge Mann: «Schau, Mutter: Ich will das Neue Testament lesen, und ich will alles wissen über die messianischen Juden. Ich glaube, dass ich da Antworten auf meine Fragen finden werde. Bitte sei ruhig und lass mich das Neue Testament kaufen.» Am Ende verließ er glücklich unseren Laden mit einem Neuen Testament in der Hand, hinter ihm seine Mutter, die immer noch ärgerlich und zutiefst unglücklich war.

Heilung der Holocaustwunden

Ich wurde zu einer Konferenz eingeladen, die von philippinischen Christen veranstaltet wurde. Das Thema lautete: «Herzen und Hände für das Heilige Land». In Israel gibt es mehr als 75 000 Filipinos, die in jüdischen Haushalten als Betreuer älterer Holocaust-Überlebender arbeiten. Über 600 von ihnen nahmen an der Konferenz teil. Nach meinem Vortrag schenkte ich ihnen 300 hebräische Neue Testamente und bat sie, mit ihren Arbeitgebern jeden Tag einen Abschnitt daraus zu lesen.

Eine philippinische Frau begann daraufhin ihrer Patientin Abend für Abend auf Englisch aus dem Neuen Testament vorzulesen, während die ältere Dame den Text auf Hebräisch vor sich hatte. Eines Tages fragte die Patientin, die unter ständigen Schmerzen im Fuß litt: «Kann mich dieser Jesus von meinen Schmerzen heilen?» Darauf antwortete die Filipina: «Ja, das kann er. Ich werde für Sie beten und Sie mit Öl salben.» Und so bat sie Gott darum, ein Wunder zu tun und den Fuß ihrer Patientin zu heilen. Am folgenden Tag waren alle Schmerzen weg. Die ältere Dame tanzte vor Freude, pries Gott für ihre Heilung und wurde gläubig. Jetzt will sich die ganze Familie der Patientin mit der Filipina treffen, um mehr von Jesus zu erfahren. Auch die anderen Familienangehörigen hätten gerne ein Neues Testament auf Hebräisch.

Gott sei Dank, mein Chef ist gestorben!

Eine philippinische Krankenpflegerin kam eines Tages in den Bibelladen und verkündete strahlend: «Gott sei Dank, mein Chef ist gestorben!» «Was meinst du damit?», fragte ich und wies sie darauf hin, dass sie nun auch keine Arbeit mehr habe. «Das macht nichts, Bruder Andy. Weißt du, ich fing nach deinem Vortrag auf der Konferenz an, meinem Arbeitgeber jeden Tag etwas aus dem Neuen Testament vorzulesen; dabei verfolgte er den Text in Hebräisch mit. Eines Tages sagte er: ‹Ich glaube jetzt auch, dass Jesus der Messias ist, aber ich bin ein sehr schlechter Mensch. Meinst du, Jesus kann meine Sünden vergeben?› Ich antwortete: ‹Warum fragst du ihn nicht selbst? Ich werde dir helfen.› Wir beteten also, und mein Chef bat Jesus um Vergebung seiner Sünden. Kaum hatte er ‹Amen› gesagt, starb er.»

Weihnachten im Herzen

Vor Weihnachten kam einmal eine Frau von den Philippinen in unseren Laden und wollte eine Bibel in Englisch kaufen. Immer wenn ich ihr einen Preis nannte, ging sie in eine Ecke und zählte ihr Geld. Doch jedes Mal war sie traurig, denn sie hatte nicht genug. Ich fragte sie: «Haben Sie für Weihnachten schon alles vorbereitet?» «Nein», antwortete sie, «dieses Jahr ist es mir nicht zum Feiern zumute.» «Warum?», wollte ich wissen. «Meine Familie ist nicht hier, und jedes Jahr um diese Zeit vermisse ich sie sehr. Mein Arbeitgeber ist erst vor kurzem gestorben. Er hat mir meinen Lohn nicht ausbezahlt, und so habe ich nun kein Geld mehr.»

Sie nahm dann die Bibel, die sie bezahlen konnte, gab mir ihr letztes Geld und meinte: «Ich habe nun kein Geld mehr, aber ich bin mir sicher, dass ich eine Bibel kaufen sollte.» Ich legte die Bibel in eine Tasche und gab sie ihr zusammen mit ihrem Geld: «Das ist ein Weihnachtsgeschenk.» Sie war glücklich, hielt meine Hand und begann zu weinen: «Seit ich nach Israel gekommen bin, ist noch niemand nett zu mir gewesen. Danke, dass Sie mir Weihnachten zurückgebracht haben.»

Bereit, sich für zwei Euro zu verkaufen

Eines Tages kam eine Frau, die um Geld für den Waschsalon gleich nebenan bettelte. Zuerst gab ich ihr kein Geld. Doch dann sah ich, dass sie auf der Straße auf und ab ging und Passanten ansprach. Sie schien also absolut kein Geld zu haben. So ging ich zu ihr hin und warf ihr das Geld für die Waschmaschine ein. Später sah ich sie wieder betteln. Was war jetzt los? Sie kam auch in den Laden und fragte, ob ich auch noch die zehn Schekel (rund zwei Euro/drei CHF) für den Trockner bezahlen könnte. Da ich dies nicht für nötig hielt, verneinte ich. So versuchte sie wieder auf der Straße ihr Glück. Später kam sie in den Laden und bot mir ihren Körper für den gleichen Betrag an. Wie weit hat doch die Armut die Menschen hier gebracht.

Gemeinsam die Bibel lesen

Ein amerikanischer Geschäftsmann besucht hin und wieder den Bibelladen, wenn er beruflich in Israel unterwegs ist. Er ist Christ, und wir reden viel über unseren Glauben. Einmal kam er wieder in den Laden. Er erzählte mir von einem israelischen Arbeitskollegen und fragte mich: «Andy, wie kann ich ihm von meinem Glauben erzählen? Ich traue mich nicht. Er sieht mich immer wieder in der Bibel lesen und lächelt dann freundlich. Aber wie kann ich mit ihm ins Gespräch kommen?» Ich gab ihm eine hebräische Bibel und riet ihm, seinem Kollegen zu sagen: «Lassen Sie uns zusammen in der Bibel lesen und danach darüber diskutieren.» Als der Amerikaner das nächste Mal in den Bibelladen kam, strahlte er vor Freude: «Andy, weißt du, was geschehen ist? Wir haben tatsächlich angefangen, gemeinsam in der Bibel zu lesen. Und wir reden viel darüber. Diese gute Nachricht wollte ich dir unbedingt bringen.»

Das gibt es doch nicht

Eine gläubige Filipina wünschte sich so sehr, ihrem israelischen Ehemann von Jesus erzählen zu können. Doch der wollte nichts davon wissen, geschweige denn auch nur den Namen Jeschua hören. Eines Tages entdeckte sie den Bibelladen, ging hinein und kam mit mir ins Gespräch. Sie erzählte mir ihre Geschichte, worauf ich ihr anbot, mich mit ihrem Ehemann zu treffen. Die Frau erzählte ihrem Mann von mir und sagte ihm, dass ich ein Jude sei, der an Jesus glaubt. Er konnte nicht glauben, dass es so etwas gibt, und wollte mich kennen lernen, um sich selbst davon zu überzeugen. Eines Tages tauchte das Ehepaar dann in meinem Laden auf. Gott schenkte mir in dieser Situation Weisheit. Wir sprachen über vieles, doch während des gesamten Gesprächs erwähnte ich nicht ein einziges Mal den Namen Jeschua. Schließlich schien er zu merken, dass ich seine Religion nicht ändern wollte. So begann er von sich aus Fragen zu stellen, und aus unserem Gespräch wurde eine angeregte Diskussion. Als die beiden sich verabschiedeten, bot ich ihnen eine hebräische Bibel an. Der Mann versprach, darin zu lesen und in unsere Gemeinde zu kommen. Heute nimmt das Ehepaar aktiv an den Gemeindeaktivitäten teil.

Bitte schickt uns Bibeln

Einmal erreichte uns eine E-Mail aus Bolivien: «Bitte senden Sie uns so schnell wie möglich Neue Testamente in Hebräisch nach Bolivien.» «Wozu denn das?», könnte man sich jetzt fragen. Die Anfrage kam von einem gläubigen Bäcker, der in Bolivien koschere Brezeln und die orientalische Spezialität Humus, eine Paste aus Kichererbsen, verkauft. Da immer wieder Rucksacktouristen aus Israel, von denen jährlich über 12 000 in das südamerikanische Land strömen, in seiner Bäckerei einkaufen, kam ihm die Idee, ihnen neben seinen Spezialitäten auch ein Neues Testament mitzugeben. Inzwischen bekommen wir von Zeit zu Zeit E-Mails von Israelis, die sich dafür bedanken, dass sie DAS Buch in ihrer Sprache bekommen haben. Andere schreiben, das Neue Testament habe ihr Leben verändert.

Ähnliches hören wir auch aus Indien. Nach der Armeezeit wollen viele junge Israelis die Welt entdecken, was verständlich ist, da sie die beste Zeit ihrer Jugend beim Militär verbringen. Dort werden sie mit den Abgründen menschlicher Existenz konfrontiert. Der ständige Konflikt, der Tod so mancher Kameraden und die allgegenwärtige Angst vor Anschlägen hinterlassen tiefe Spuren. Deshalb suchen zahlreiche junge Israelis gleich nach der Armee im Fernen Osten, nicht selten in Indien, nach einem neuen Glauben. Wir freuen uns immer, wenn wir von solchen Leuten hören, die auch an diesen Orten ein Neues Testament in ihrer Sprache bekamen oder Jeschua begegneten.

Durch Gefangenschaft Jeschua gefunden

Ein Israeli wurde in den USA aufgrund seines orientalischen Aussehens nach dem Anschlag vom 11. September in Untersuchungshaft genommen. Dort erhielt er eine Bibel. Er las sie und stellte dem Gefängnispastor viele Fragen. Je mehr er las, desto mehr Fragen hatte er. Der Pastor sagte ihm: «Du wirst bald entlassen und heimkehren, dort wirst du die Antwort finden.» Als er zurück nach Israel kam, wollte er ein Neues Testament in Hebräisch kaufen. Er ging von Geschäft zu Geschäft, bis er schließlich bei uns landete. Er hatte immer noch viele Fragen. Wir gaben ihm Adressen von verschiedenen Gemeinden. Nachdem er sich einige von ihnen angesehen hatte, fand er in einer seine geistliche Heimat und wurde aktives Mitglied.

Falsche Messiasse

Eines Tages kam ein Amerikaner zu uns. Er fragte, ob ich ein Buch mit den Gleichnissen hätte. Ich antwortete: «Wir haben die Bibel und das Neue Testament. Das Neue Testament ist voll von Gleichnissen.» Er sagte: «Nein, ich will ein Buch, das nur die Gleichnisse enthält, der Rest ist nicht wichtig.» Ich erwiderte: «Für uns ist die ganze Bibel wichtig.» Darauf meinte er: «Nein, der größte Teil vom Neuen Testament hat keine Gültigkeit mehr. Es besteht aus Büchern, die dort keinen Platz haben sollten, wie zum Beispiel alle Paulus-Briefe. Sie gehören nicht hinein.» Da wurde ich sehr direkt: «Wenn Sie so reden, will ich nicht mit Ihnen meine Zeit vergeuden. Dann habe ich Ihnen nichts mehr zu sagen.» Er fragte mich: «Glauben Sie, dass alle Prophezeiungen erfüllt sind?» Ich antwortete: «Nicht alle, denn der Messias muss erst noch wiederkommen.» Da meinte er zu mir: «Sie sehen ihn gerade vor sich.»

Hier muss ich zum besseren Verständnis anmerken, dass wir in Israel von selbsternannten Messiassen, oftmals aus dem Ausland, geradezu überschwemmt werden, und das in den verschiedensten Variationen. Einmal traf ich eine Frau in Jerusalem, die ein weißes Kleid mit hebräischer Schrift trug und sich als Messias proklamierte. Ihrer Sprache nach zu urteilen, schien sie aus einem nordischen Land zu stammen. Sie ging auf die Leute zu und umarmte und küsste sie. So war ich nicht sonderlich überrascht über den amerikanischen «Messias», der nun vor mir stand.

Ich sagte ihm: «Ich danke Gott, dass ich so aufgewachsen bin, dass die ganze Bibel für mich wichtig ist. Und diese Bibel warnt mich vor Menschen wie Ihnen. Bitte verlassen Sie den Laden. Es ist so schade, dass Leute wie Sie in unser Land kommen und Unruhe stiften.»

Keine christlichen Bibeln

Manchmal kommen Leute in den Laden und fragen nach einer «christlichen» Bibel. Dann erkläre ich jeweils: «Wir haben keine christliche Bibel.» Oft antworten sie etwa so: «Oh, aber man hat uns erzählt, dies sei der einzige Ort, wo man sie kaufen kann.» Darauf erwidere ich: «Nein, wir haben keine christlichen Bibeln. Wir haben nur jüdische Bibeln.» Darauf schauen sie sich um und sagen: «Aber Sie haben doch das Neue Testament hier.» Worauf ich antworte: «Das ist ein jüdisches Buch.» Oft kommt dann ihre Antwort: «Nein, das ist es nicht.» Und wiederum meine Gegenfrage: «Doch, habt ihr nicht gewusst, dass Jesus Jude war?»

Viele unserer Kunden sind erstaunt darüber, dass wir den Brit HaChadascha (Neues Testament) überhaupt in modernem Hebräisch haben, da es den Tenach (Altes Testament) nur in Althebräisch gibt, was für viele schwierig zu lesen ist. Manche fragen auch nach einer Kurzversion vom Neuen Testament. Beliebt sind daher die Kinderbibeln, da sie in einem einfachen Hebräisch geschrieben sind.

Lehrbuch mit Bibeltexten

In Jerusalem kam eines Tages ein Mann in den dortigen Bibelladen der «Bibelgesellschaft in Israel» und sagte: «Mein Kind hat in der Schule ein Buch bekommen, in dem von Jeschua die Rede ist. Könnt ihr mir mehr über ihn sagen?» Die Schulen verwenden ein Lehrbuch über die drei großen Religionen in Israel, in dem auch Texte aus dem Neuen Testament abgedruckt sind. Bei den Textrechten ist die «Bibelgesellschaft in Israel» vermerkt. Es ist ein gewaltiger Fortschritt in Israel, dass dort tatsächlich der Name «Jeschua» steht und nicht der Spottname «Jeschu» (Hebräisch für «der Name, der ausgelöscht werden soll»). Wir beten, dass diese Texte auch bei anderen Leuten Neugierde wecken, mehr über Jeschua zu erfahren.

Mischna und Talmud

Da unser Laden unter der Rubrik «religiöse Bücher» im Telefonbuch aufgeführt ist, fragen Leute bei uns oft nach der Mischna, dem Talmud und anderen jüdischen Büchern. Wir sagen ihnen jeweils, dass wir die Bibel haben. Manche hängen dann sofort auf, andere wollen mehr wissen. Viele Juden suchen Bücher über die Kabbala, die mystische Tradition im Judentum. Viele Israelis lassen sich die Zukunft aus Karten lesen oder gehen zu den Wahrsagern, die es an jeder Straßenecke gibt. Religiöse Juden sehen darin nichts Schlechtes, obwohl Gott dies im Tenach (Altes Testament) verbietet. Die Juden lieben Mystik. Zum Beispiel werden hinter Begriffen oder Buchstaben ganze Gedankengebäude aufgebaut. So werden auch aus den Buchstaben eines Namens viele Dinge für das Leben abgeleitet. In diesem Zusammenhang sind auch die nun etablierten, alljährlich stattfindenden New-Age-Festivals in unserem Land zu sehen. Sie bieten alles von Drogen bis hin zu Götzenanbetung und sexueller Freizügigkeit. Zu biblischen Zeiten hatte unser Volk viel unter den Folgen der Abgötterei zu leiden. Und trotzdem tun wir heute wieder dieselben Dinge.

Neues Zeitalter

Die Bibelgesellschaft brachte vor kurzem eine neue Ausgabe des Johannes-Evangeliums heraus. Als ich das Titelbild auf dem Einband zum ersten Mal sah, fand ich es schrecklich, da es mich an die New-Age-Bewegung erinnerte. Ich schlug vor, es anders zu gestalten. Doch die jungen Designer bestanden auf dem Coverbild. So druckten wir 17 000 Stück.

Wie bereits erwähnt, finden in Israel unterschiedliche New-Age-Festivals statt. Auch Gruppen messianischer Juden sind dort präsent, um am Ort dunkelster Finsternis suchenden Menschen ein Licht zu geben. Und genau an solch einem Festival konnten von jenem neuen Johannes-Evangelium innerhalb von drei Tagen mehr als 9000 Stück verteilt werden – denn dafür hatte der Einband genau das richtige Titelbild. Überall existiert ein großer Hunger nach Wahrheit. Gott gebraucht ganz unterschiedliche Wege, um sein Licht im Leben der Menschen aufleuchten zu lassen.

Sohn konnte ernten

Es gibt eine Lebensgeschichte, die einen besonderen Platz in meinem Herzen hat: Ein Mann hatte, als er noch ein Junge war, von irgendjemandem eine Bibel geschenkt bekommen. Als er viel später nach einem turbulenten Leben zum Glauben an Jeschua kam, wollte er von einem Israeli getauft werden. So wurde ich hinzugeholt. Natürlich wollte ich wissen, wer dieser Mann war, und so fragte ich ihn nach seiner Geschichte. Er war gerne bereit, sie mir zu erzählen, und zeigte mir dabei jene Bibel, die er als Junge erhalten hatte. Als ich sie genauer betrachtete, bemerkte ich, dass es mein Vater gewesen war, der diese Bibel damals verschenkt hatte. So durfte ich Zeuge sein, wie der Same aufging, den mein Vater ausgestreut hatte. Dieses Erlebnis hat mich neu motiviert, auch heute die Bibel weiterzugeben. Wir sind dankbar, dass wir vom Bibelladen so viele Bibeln unter die Leute bringen können.

Vor Jahren gesät

Vor einigen Jahren kam eine Frau in den Bibelladen. Ich hatte den Eindruck, dass sie auch an Jeschua glaubte, und fragte sie direkt danach. Sie antwortete: «Ja, ich bin gläubig, aber das ist eine lange Geschichte.» Darauf meinte ich: «Ich habe Zeit.» Da begann sie zu erzählen: «Vor vielen Jahren hörte ich ein Konzert in der Immanuel-Kirche in Jaffa. In der Pause war ich hinten in der Kirche und sah ein Neues Testament. Ich begann darin zu lesen. Da kam ein junger Mann auf mich zu und fragte, ob er mir helfen könne. Ich meinte: Ja, ich hätte einige Fragen. So sprachen wir miteinander. Ganz unerwartet sagte der junge Mann dann: ‹Ich will nicht weiter antworten. Lesen Sie zuerst das Neue Testament und kommen Sie dann zurück. Dann können wir uns weiter darüber unterhalten.› So ging ich nach Hause und las in dieser Nacht im Neuen Testament. Am Morgen glaubte ich, dass Jesus der Messias ist. Ich wurde getauft, ging aber schon bald darauf in die USA. Dort lernte ich meinen Mann kennen, und auch er kam zum Glauben, ebenso unsere spätere Tochter. Eigentlich möchte ich diesem jungen Mann danken. Ich erinnere mich bis heute an seinen Namen. Er hieß Andy Ball.» – Das war eine Überraschung. Als ich ihr sagte, dass ich dieser junge Mann war, konnten wir nicht anders, als Gott gemeinsam zu preisen. Wie oft streuen wir viel Samen aus, erfahren aber nur selten, was damit passiert. Beten wir gemeinsam, dass all diese Samen aufgehen und Frucht bringen.

Immanuel-Kirche
in Ramle mit Pastor
Najeeb Atteih

Zeitungsbericht nach der Explosion
vor Familie Atteihs Wohnung

Tino, Elisabeth, Najeeb und Karin Atteih

Najeeb Atteih

Vom Drogendealer zum Evangelisten und Pastor

Najeeb Atteih und seine Frau Elisabeth leben mit ihren zwei Kindern in Haifa. Sie leiten die «Immanuel-Kirche» in Ramle und in Haifa.

Hintergrund

Ich wurde 1965 in Haifa in eine christlich-maronitische Familie hineingeboren und habe drei Schwestern und zwei Brüder. Mein Vater stammt aus dem Libanon und kam mit neun Jahren nach Israel, während meine Mutter hier geboren wurde und auch hier aufgewachsen ist. So lernten sie sich hier kennen und heirateten. Gemeinsam führten sie als Familienunternehmen ein Imbissrestaurant in Haifa in der Nähe des Busbahnhofs. Da meine Eltern maronitische Christen waren, besuchte ich eine Klosterschule in Haifa.

Meine Frau Elisabeth ist auch in Haifa aufgewachsen. Ihre armenischen Großeltern mussten aufgrund des Krieges zwischen den Armeniern und den Türken aus der Türkei fliehen und kamen so nach Israel. Sie lebten zuerst in Tabgha in der Nähe von Tiberias, wo Elisabeth später geboren wurde. Nach einigen Jahren zog die Familie dann nach Haifa um. Elisabeth gehört also zur zweiten Generation ihrer Familie hier im Land. Auch sie besuchte als Kind eine Klosterschule.

So kannten wir beide die Bibel ganz gut. Wir hörten und wussten, dass der Herr Jesus hier im Land gelebt hatte. Uns war auch klar, dass er Gott ist. Maria kannten wir ebenso. Wir lernten in der Schule, sie zu respektieren. Auch die verschiedenen Gebete wurden uns beigebracht. Doch wir verstanden nicht, dass Jesus unser Retter ist. Wir hatten keine Beziehung zu ihm, wie wir sie nun haben. Wir waren Christen, gingen zur Kirche, gingen nach Hause und lebten unser Leben.

Ich arbeitete bei uns im Familienbetrieb mit, und ehe ich mich versah, war ich für das ganze Geschäft verantwortlich. 1989, als ich 24 Jahre alt war, heirateten Elisabeth und ich. Zu der Zeit konnten wir mit dem Glauben und der Kirche nicht viel anfangen. Ich hatte alles, was ich wollte: einen guten Job, ein tolles Auto, eine Familie. Ich konnte tun, was ich wollte. Ich war stolz auf das, was ich erreicht hatte.

Die Wende

Doch 1993 fiel ich plötzlich in eine Depression. Weil mein Vater im Restaurant einen Fehler gemacht hatte, musste er sich verschulden. Ich übernahm eine Bürgschaft dafür. Das war sehr hart und bereitete mir viel Kopfzerbrechen. Hinzu kam noch, dass wir in unserer Familie mit Drogen handelten und diese auch selbst nahmen. All das trug dazu bei, dass ich immer mehr in einen Strudel gezogen wurde. Dabei wurde ich selbst für andere auch immer unausstehlicher. In dieser tiefen Not schrie ich zu Gott: «Oh Gott, ich brauche dich.» Doch ich hatte keine Ahnung, was geschehen sollte.

Um Mitternacht kam ein Mann ins Restaurant, ein ehemaliger Nachbar. Ich konnte ihn überhaupt nicht leiden, ja, ich hasste ihn sogar. Vor zehn Jahren war seine Familie weggezogen. Es schien, als habe er Angst, mir zu begegnen. Zögernd sagte er: «Wie geht es dir? Wir haben uns viele Jahre nicht mehr gesehen.» Ich antwortete: «Macht nichts.» Er fuhr fort: «Ich bin gekommen, um dir etwas zu erzählen. Ich habe mein Leben dem Herrn Jesus gegeben.» Ich sagte zu ihm: «Okay, komm herein», und nahm einen kräftigen Zug von meiner Zigarette. Er sagte zu mir: «Ich möchte dir erzählen von einem guten Gott, den es wirklich gibt und der dir helfen kann.» Ich erwiderte: «Ich brauche keine Hilfe.» Doch der Mann ließ sich nicht beirren: «Der Herr kann dir helfen, nimm ihn an.» Mit diesen Worten drehte er sich um und ging.

Als er zu Hause war, fastete und betete er für mich. In der Zwischenzeit begann der Herr an meinem Herzen zu arbeiten. Meine frühere Abneigung meinem Nachbarn gegenüber verwandelte sich nach und nach in Vertrauen. Als er wiederkam, war ich bereit, ihm zuzuhören. Ich merkte, dass ich diesen Herrn, von dem er sprach, brauchte. So sagte ich: «Ich will diesen Herrn, von dem du mir erzählt hast. Ich weiß allerdings nicht, was ich dafür tun muss.» Er antwortete: «Du brauchst nur mit mir zu beten.» Er legte seine Hand auf meinen Kopf und betete für mich. Ich spürte, wie mich etwas erfüllte. Von jenem Moment an hörte ich mit dem Rauchen und den Drogen auf.

Ich ging nach Hause und blieb drei Tage in meinem Zimmer. Ich weinte und weinte und bat Gott um Vergebung – ganze drei Tage. Ich wollte niemanden sehen. Der Herr machte mich auf vieles in meinem Leben aufmerksam, das nicht in Ordnung war. Meine Eltern dachten, ich wäre vollkommen durchgedreht. Mir wurde klar, dass ich ein Sünder war, und ich erkannte aber auch, wie Gott mich heilte.

Als ich meiner Frau erzählte, dass ich mein Leben Jesus gegeben hatte, sagte sie: «Bist du verrückt? Wir glauben an Gott. Wir kennen Jesus und glauben, dass er lebte und hier wirkte.» Ich antwortete ihr: «Nein, ich habe ihn als Retter für mein Leben angenommen.» Sie meinte: «Ich verstehe dich einfach nicht, du bist verrückt. Lass mich in Ruhe.»

Seit diesem 3. Oktober 1993 hat mich Gott verändert. Zuvor war ich ein sehr nervöser Mensch gewesen. Meine Frau musste immer aufpassen, dass sie auch ja richtig mit mir umging. Die ersten vier Jahre unserer Ehe waren für sie so schwierig, dass sie sich am liebsten nicht mehr daran zurückerinnern möchte. Wir hatten sehr schnell unsere beiden Kinder Karin und Tino bekommen, und dann folgte die Last der vielen Schulden. Ich war sehr angespannt, hatte wenig Nerven und eine rohe Sprache. Dazu kamen auch noch die Drogen.

Zuerst dachte meine Frau, ich würde nun in die traditionelle Kirche gehen. Doch ich sagte ihr: «Dorthin gehe ich nicht, die glauben nicht an Gott.» Elisabeth verstand mich nicht. Ich wollte, dass der ehemalige Nachbar kam und zu uns predigte. Und so besuchte er uns und sprach über den Herrn Jesus. Jeden Tag kam er nach der Arbeit, um uns im Wort Gottes zu unterrichten. Da er unverheiratet war, war ihm das möglich. Manchmal saßen wir bis vier oder fünf Uhr morgens zusammen und lernten etwas über den Herrn. Das waren besondere Tage.

Als meine Frau sah, wie der Herr mein Leben veränderte, begann sie drei Monate später, auch an Jesus zu glauben. Elisabeth verstand nicht ganz, was es bedeutete zu glauben, doch sie sagte sich: Wenn dieser Jesus meinen Mann so verändern konnte, dass ich nun einen neuen Ehemann habe, dann will ich Jesus auch haben. Sie verstand nicht recht, wer Jesus war und was er von uns will. Sie wusste auch nicht, wie er sie verändern würde. Doch sie wollte mit diesem Herrn leben. Und Gott veränderte auch sie nach und nach. So ließen wir uns gemeinsam taufen.

Folge mir nach

1997 sagte dann der Herr zu mir: «Verlasse alles und folge mir nach. Verlasse deine Eltern und nimm nichts von ihnen mit.» Mein ganzes Leben hatte ich bis dahin nirgendwo anders gearbeitet als im Imbiss-Restaurant meiner Familie. Ich war nie Angestellter gewesen und hatte sogar eine ganze Zeit lang das Restaurant selbst geleitet. Ich war immer der gewesen, der den anderen sagen konnte, was sie zu tun hatten. Doch der Herr sprach zu mir: «Wenn du mir nachfolgen willst, dann musst du ein Sklave sein.» So sprach ich mit meinem Bruder: «Ich will anderswo arbeiten gehen.» Seine Reaktion war: «Bist du verrückt geworden?» Im Grunde hatte er Recht, denn ich konnte nicht einmal mit Werkzeug umgehen. Ich wusste nichts.

Einer meiner Brüder arbeitete bei der Schweizer Aufzugfirma Schindler. Als ich dort zu arbeiten begann, bestimmte der Chef, dass ich als Hilfsarbeiter mit Avi, den ich bereits kannte und mit dessen Bruder ich immer Streit hatte, gehen sollte. So betete ich: «Herr, willst du wirklich, dass ich mit diesen Leuten arbeite? Avi wird sich an mir rächen.» An meinem ersten Arbeitstag gingen wir in den Aufzugsschacht, und Avi gab mir den Auftrag: «Geh und schweiße.» Ich sagte: «Gut, mache ich.» Doch ich hatte keine Ahnung, wie das ging. So schickte ich ein Stoßgebet zum Himmel: «Herr, ich will arbeiten, jetzt musst du mir nur zeigen, wie das geht.» Ich betete, dass ich für Avi ein gutes Zeugnis für den Herrn sein konnte. Avi kam und schaute sich die Arbeit an. «Oh, da hast du aber gute Arbeit geleistet.» Ich dachte bei mir: «Entweder bist du blind, oder du weißt selbst nicht, wie man es besser machen kann.»

Es war dann mein ständiges Gebet, dass der Herr Jesus meine Finger lehrte, wie sie arbeiten sollten. Wie es in den Psalmen steht (Ps. 143,10): «Lehre mich tun nach deinem Wohlgefallen, denn du bist mein Gott; dein guter Geist führe mich auf ebner Bahn.»

Während der Arbeit betete ich ständig, ich war vollkommen abhängig von meinem Herrn. Bereits nach drei Jahren konnte ich einen Aufzug problemlos alleine installieren.

Bewahrung

Während dieser Zeit geschah etwas Außerordentliches. Mein Bruder war auf Zypern im Urlaub, während wir seine drei Kinder hüteten. An einem Tag fand in Tel Aviv eine Feier der Firma Schindler statt, zu der meine Frau und ich fahren wollten. Deshalb kam meine Mutter, um für unsere und die Kinder meines Bruders zu sorgen. Als wir die Wohnung verließen, standen alle Kinder mit ihrer Oma auf dem Balkon. Mein Sohn Tino sah einem Mann zu, der an seinem Auto herumhantierte.

Meine Frau und ich hatten gerade die Wohnung verlassen und waren noch nicht weit vom Haus entfernt, als wir plötzlich eine gewaltige Explosion hörten. Wir sahen Feuer und schwarzen Rauch. Wir dachten, in der Wohnung müsste etwas explodiert sein, und kehrten um. Die Leute riefen uns auf der Straße zu: «Geht nicht in eure Wohnung, sie brennt!» Doch wir konnten nicht anders, wir mussten nach unseren Kindern sehen.

Als wir die Tür öffneten, fanden wir unsere Kinder und meine Mutter weinend und schreiend im Wohnzimmer. Alle Glasscheiben waren zerbrochen, und es herrschte ein vollkommenes Durcheinander. Mit Entsetzen sahen wir, dass Tino über und über mit Blut und Fleischfetzen bedeckt war. Wir hielten ihn für schwerverletzt. Schnell trugen wir alle Kinder auf die Straße, wo wir Tino sofort auszogen, um zu sehen, wo er blutete. Wie dankbar waren wir, als wir bemerkten, dass er vollkommen unversehrt war. Das Blut stammte vom Attentäter, der sein Fahrzeug für einen Anschlag präparieren wollte und dabei eine Fehlzündung ausgelöst hatte.

Erst jetzt traf die Polizei ein und fragte, wer der Besitzer dieses Hauses sei. Meine Frau brachte die Kinder und meine Mutter in deren

Haus. Die Polizei begann mit ihrer Befragung und wollte zuerst wissen, an wen ich glaube. Ich antwortete: «An Jesus Christus. Und ich glaube, dass er uns gerettet hat.» So hatte ich die Möglichkeit, von der Kraft Jesu zu zeugen. Wir danken dem Herrn, dass er uns unsere Kinder ein zweites Mal geschenkt hat.

Ein weiterer Schritt

Nach drei Jahren kam der Manager von Schindler zu mir und sagte: «Wir geben dir eine Leitungsposition. Von jetzt an hast du Leute unter dir.» Das bedeutete auch einen besseren Lohn und einen Firmenwagen. Glücklich ging ich nach Hause und erzählte Elisabeth von meiner Beförderung: «Jetzt geht es aufwärts.» Ich betete. Wieder sprach der Herr zu mir: «Und jetzt verlasse alles und folge mir nach.» Das war hart.

Ich sagte zu Gott: «Jetzt, wo ich mich hinaufgearbeitet und einen guten Job habe, soll ich das alles verlassen?» Trotzdem ging ich am zweiten Tag zu meinem Chef und stellte ihn vor die Tatsache, dass ich gehen würde. Er war vollkommen entsetzt: «Was? Warum, Najeeb? Warum willst du gehen?» So erzählte ich ihm also meine Geschichte.

In Israel ist es üblich für den Arbeitgeber, dem Arbeitnehmer, je nach Dauer der Beschäftigung, eine Abfindung zu zahlen. Dies gilt jedoch nur, wenn der Arbeitgeber kündigt. Beendet aber der Arbeitnehmer das Arbeitsverhältnis von sich aus, steht ihm nichts zu. So war es etwas Außergewöhnliches, dass ich dennoch eine solche Abfindung bekam mit der Zusicherung meines Chefs, jederzeit zurückkommen zu können, wenn ich das wollte.

Auf dem Erntefeld

Am ersten Tag ohne feste Anstellung erwachte ich morgens um sieben Uhr, stand auf und verkündete meiner Frau: «Ich gehe auf das Arbeitsfeld Gottes. Ich arbeite jetzt Vollzeit für den Herrn. Also muss ich jeden Tag acht Stunden auf sein Arbeitsfeld gehen.»

Das war der Anfang unseres vollzeitlichen Dienstes für den Herrn. Wir arbeiteten ohne jegliche finanzielle Unterstützung. Damals waren wir Teil einer Brüdergemeinde, wo man der Überzeugung ist, dass jeder für seinen Unterhalt selbst sorgen muss. Ich wollte auch von niemandem etwas. Mein Wunsch war es, dass ich vom Herrn selbst versorgt werde, weil er es ist, der über mir wacht.

An meinem ersten Arbeitstag ging ich also in ein arabisches Viertel. Beim ersten Mann, der mir begegnete, sprach Gott zu mir: «Sprich ihn an.» Doch seine Erscheinung verunsicherte mich. Er sah krank aus und schien unter Drogen zu stehen. So antwortete ich Gott: «Der wird mich doch in seinem Zustand gar nicht verstehen, wenn ich ihn anspreche.»

So unterließ ich es und ging stattdessen weiter zum «Haus der Gnade», einem Haus für Obdachlose, wo sich Drogenabhängige und solche, die gemeinhin als hoffnungslose Fälle bezeichnet werden, trafen. Diesen Leuten wollte ich von Jesus erzählen und mit ihnen beten. Inmitten dieser Menschen begegnete ich einer Frau, die mir während eines Gesprächs ihr Herz ausschüttete. Sie erzählte mir von den vielen Problemen, die sie mit ihren Söhnen hatte, und bat mich: «Kannst du nicht zu mir nach Hause kommen und mit meinen Kindern sprechen?» So ging ich am zweiten Tag zu ihr. Als ich ihr Haus betrat, saß dort der Mann, dem ich am Vortag auf der Straße begegnet war und den ich dann doch nicht angesprochen hatte. Ich fragte die Frau, was ihre Beziehung zu diesem Mann sei, worauf sie sagte: «Das ist mein Bruder Elias.»

Elias war 39 Jahre alt, drogenabhängig, krank und lebte bei seiner Mutter. Ich sprach ihn an: «Elias, es tut mir leid, dass ich gestern ohne ein Wort an dir vorübergegangen bin.» Daraufhin begann er zu weinen. Ich fragte: «Warum weinst du?» Er antwortete: «Ich bin sehr krank. Ich habe AIDS und Krebs.» Da sprach der Herr wieder zu mir: «Kümmere dich um ihn.» Von da an besuchte ich ihn jeden Tag und betete mit ihm.

Nach einiger Zeit lud er Jesus in sein Leben ein. Nachdem wir zusammen gebetet hatten, spürte ich, dass er wirklich eine neue Kreatur geworden war. Wir luden ihn zu uns nach Hause zum Essen ein und begegneten ihm mit Liebe und Achtung. Zwei Monate später ging es ihm sehr schlecht. Wir brachten ihn ins Krankenhaus, wo er vier Monate bleiben musste.

Im Krankenhaus

Ich besuchte ihn täglich im Krankenhaus. Während meiner Besuche dort konnte ich ihm und auch anderen von Jesus erzählen. Ich fragte Gott: «Was willst du, dass ich tun soll?» Er antwortete mir: «Sei treu im Kleinen, und ich will dir noch mehr geben.» Da ich Elias regelmäßig besuchte, begannen die Ärzte, so mit mir zu reden, als wäre ich ein enger Familienangehöriger, und fragten mich, was nun mit Elias geschehen sollte. Eines Tages vertrauten sie mir an, dass er wohl nur noch acht Tage zu leben hätte. Seine Mutter und ich saßen am Bett, als ich ihm die Nachricht überbrachte und ihn fragte: «Elias, bist du bereit, zum Herrn Jesus zu gehen? In acht Tagen wirst du nicht mehr hier sein.» Er antwortete mir: «Amen, ich bin bereit.»

Ich war so glücklich bei seinen Worten, dass ich den Herrn zu preisen und zu singen begann: «Seit ich dich kenne, ist mein Herz erfüllt, und ich bin sehr glücklich mit dir.» Plötzlich sagte Elias' Mutter zu mir: «Sieh mal, wer da hinter dir steht.» Ich drehte mich um und erblickte Ezer Weizmann, den damaligen Staatspräsidenten von Israel. Da er Arabisch konnte, hatte er alles sehr gut verstanden. Er war auch gerade im Krankenhaus. Er fragte: «Sohn, was machst du da?» Ich stand auf und begrüßte ihn. Darauf meinte Weizmann: «Kann ich dich umarmen?» So umarmte und küsste er mich. «Du hast wunderschön gesungen.» Als er das zu mir sagte, sprach der Herr zu mir: «Predige zu ihm.»

So begann ich zu verkündigen und gab ihm keine Gelegenheit, mich zu unterbrechen. Ich sagte zu ihm: «Jesus ist der König von Israel. Bei ihm können Sie Rettung erfahren. Er ist der König der Könige. Er kann Frieden für dieses Land bringen.» Währenddessen kamen immer mehr Leute herein, die bemerkt hatten, dass der Staatspräsident bei uns im Zimmer war und sich mit jemandem unterhielt. Sie wollten wissen, was los war. Ich fuhr unbeirrt fort und erklärte dem Präsidenten auch, warum ich hier bei Elias war und wie mein Dienst aussah. Dann umarmte er mich und sagte: «Ich segne dich. Mache diese Arbeit für den Herrn weiter.» Ich habe dieses Wort von Ezer Weizmann immer noch in meinem Herzen: «Mach weiter!» Ob Weizmann selbst Jesus angenommen hat, weiß ich nicht.

Der letzte Tag mit Elias

Elias litt unter starken Schmerzen. Der Arzt kam und sagte: «Najeeb, wir müssen ihm Morphium geben. Er wird einschlafen.» So fragte ich: «Elias, willst du, dass wir dir Morphium geben?» Er antwortete: «Nein. Aber singe für den Herrn.» So sang ich ein Lied. Elias hob seinen Kopf und sah in meine Richtung. Er richtete sich auf im Bett, und mir wurde plötzlich klar, dass er den Herrn sah. Dann sank er mit einem Mal zurück und starb.

Es ist mein Herzenswunsch, weiterhin für Menschen wie Elias da zu sein. Ich habe bis heute ein offenes Herz für Drogensüchtige, weil ich selbst ein gebranntes Kind bin und auch mein Onkel an Drogen starb. Oft bete ich zu Gott, dass er mir zeigt, wie ich diesen Leuten helfen kann.

Ein neuer Auftrag

2002 stand es finanziell sehr schlecht um uns. Unsere Verwandten sahen, dass wir kaum das Nötigste bezahlen konnten, und so steckten sie uns manchmal etwas zu. Sie drängten mich: «Geh arbeiten! Du kannst es doch.» Was sie nicht verstanden, war, dass wir bereits arbeiteten. Wir wussten, dass Gott uns segnen würde, wenn wir ihm treu blieben.

Eines Tages bekamen wir einen Anruf von Bruder Siegfried, einem Bruder der Jesusbruderschaft Gnadenthal in Latrun, mit der wir in guter Verbindung standen. Von Zeit zu Zeit brachte ich Jungen, die von Drogen frei geworden waren, zur Erholung dorthin. Bruder Siegfried fragte nach mir, doch ich war zu der Zeit nicht zu Hause und Elisabeth wusste nicht, wo ich gerade war. Darauf sagte er: «Wir möchten dich und Najeeb für eine Woche zur Erholung zu uns nach Latrun einladen. Ihr arbeitet so hart und braucht eine Pause. Lasst alles stehen und liegen und kommt zu uns.» Als ich nach Hause kam, erzählte mir meine Frau, was Siegfried gesagt hatte. Ich sagte: «Wir brauchen das wirklich. Lass uns gehen.» So packten wir unsere Koffer und machten uns auf den Weg.

Als wir in Latrun ankamen, wurden wir im so genannten «Grünen Haus» einquartiert und stellten uns darauf ein, eine Woche dort zu bleiben. Elisabeth, die zu denen gehört, die nicht einfach nur so herumsitzen können, suchte sich sofort eine Arbeit und packte in der Küche mit an. Eines Tages kam Bruder Siegfried zu uns und sagte: «Falls ihr länger als eine Woche bleiben wollt, könnt ihr das gerne tun.»

Nach weiteren zwei Tagen kam er wieder vorbei. «Ich muss mit euch reden. Wir haben gebetet und würden uns freuen, wenn ihr als Familie hier mit uns leben und uns helfen würdet.» Für Elisabeth kam diese Anfrage wie ein Schock. Sie dachte an die Kinder, an die Schule und alles, was so ein Umzug mit sich bringen würde. Wir waren vollkommen verwirrt und wussten nicht, was wir tun sollten. Als Erstes fragten wir die Kinder, ob sie sich vorstellen könnten, mit uns in Latrun zu leben. Ihre Antwort war: «Wenn es der Herr will, dann wollen wir es auch.» Wir vereinbarten, dass wir alle darüber beten und uns nach zwei Tagen wieder treffen würden, um als Familie auszutauschen, was der Herr jedem gezeigt hat. Wir beschlossen, Jesus um ein Zeichen zu bitten. Wenn der Herr die Tür für eine Schule öffnete, dann würden wir bleiben. Wenn er diese Tür schließen würde, würden wir zurück nach Haifa gehen.

So suchten wir die Schule im Nachbardorf Neve Schalom auf und sagten, dass wir zwei Kinder hätten und sie gerne bei ihnen zur Schule schicken würden. Wir bekamen eine Absage. Obwohl wir und unsere Kinder den inneren Frieden hatten, in Latrun zu bleiben, blieb die Tür zur Schule verschlossen. Wir gingen zu Bruder Paul, dem Vorsteher des Trappistenklosters in Latrun, um seinen Rat einzuholen. Wir schilderten ihm die Situation und erklärten ihm: «Wir haben ein Problem. Wir sollten unsere Kinder zur Schule schicken. Doch die einzige Schule in der nächsten Umgebung nimmt sie nicht an.» Er bat uns einen Augenblick zu warten, da er einen Anruf zu erledigen hätte. Nun war es so, dass gerade in dieser Zeit ein Wechsel der Schulleitung in Neve Schalom bevorstand. Bruder Paul wies die Sekretärin an, den Schulleiter vorbeizuschicken. Am nächsten Tag rief er uns dann an: «Kommt morgen in mein Büro.» So trafen wir mit dem Rektor der Schule in Bruder Pauls Büro zusammen, wo Bruder Paul schlicht und einfach sagte: «Diese Kinder brauchen eine Schule.» Worauf der Rektor antwortete: «Ja, Bruder Paul.» So öffnete Gott die Tür.

Etwas Neues entsteht

Wir blieben ein Jahr in Latrun. Es war eines der schönsten Jahre in unserem Leben. Wir erlebten dort Gottes Segen. Elisabeth arbeitete in der Küche und in der Wäscherei, und ich war für die Gästezimmer verantwortlich. Nach einiger Zeit übertrug man mir auch die Verantwortung für die Arbeitseinteilung unter den freiwilligen Helfern. Wir hatten dort zahlreiche Möglichkeiten, mit Menschen über Jesus zu sprechen. Jeden Mittwochnachmittag fand ein Treffen statt, bei dem wir als Familie zusammen mit den Helfern die Bibel studierten.

Bruder Siegfried beauftragte uns auch, die nötigen Einkäufe in Ramle zu erledigen. Er wollte, dass diese Arbeit nach dem Prinzip erledigt wurde, an vielen verschiedenen Orten einzukaufen, um auf diese Weise möglichst einer großen Anzahl von Menschen ein Einkommen zu sichern; ein Beispiel, dem wir folgten. Überall wo wir hinkamen, sprachen wir mit den arabischen Geschäftsleuten über den Herrn. Sehr schnell ergaben sich Gespräche. «Woher seid ihr?» – «Wir sind aus Haifa und leben in Latrun.» – «Oh, dann bist du ein Priester?» – «Nein. Wir leben mit den Brüdern der Brüdergemeinschaft oberhalb des Klosters, nicht im Kloster.»

So hatten wir die Möglichkeit, beim Einkaufen von unserem Glauben zu erzählen. Eine Familie fragte uns: «Können wir euch in Latrun besuchen?» Ich bejahte und lud sie zu unserem Mittwochstreffen um 19 Uhr ein. Sie kamen und fragten am Ende gleich, ob sie auch am nächsten Mittwoch kommen dürften. Als sie die Woche darauf wieder kamen, brachten sie noch andere Araber mit. Nach drei Wochen waren wir schon vier Familien, nach einem Monat acht.

Eines Tages klopfte Siegfried an unsere Tür: «Wie geht es euch? Geht es euch gut?» Wir antworteten: «Ja, alles ist gut.» Siegfried meinte: «Ihr seid gesegnet, möge der Herr euch weiter segnen. Wie ich sehe, habt ihr die Vision, eine Gemeinde aufzubauen. Wenn das so ist, dann werde ich euch nichts in den Weg legen, aber es wird schwierig sein, so einen Dienst neben der Arbeit in unserem Gästehaus zu tun. Ihr müsst euch entscheiden. Ihr könnt entweder unterschreiben, weitere zwei Jahre mit uns zu leben, oder ihr macht Gemeindegründungsarbeit.» Wir beteten und hatten den Eindruck, dass Gott uns in die Gemeindearbeit rief. So entschieden wir uns dafür, aber es gab noch viele ungeklärte Fragen. Wir beteten: «Jesus, was willst du, dass wir tun sollen? Sollen wir nach Ramle ziehen? Doch wir haben nicht das Geld, dort eine Wohnung zu mieten. Was sollen wir tun?» Doch der Grundstein für die Arbeit in Ramle war gelegt.

Neue Herausforderungen

Da wir in Ramle keine bezahlbare Wohnung fanden, zogen wir als Familie zurück nach Haifa und dienten Gott von dort aus in Ramle. Aus einigen wenigen Familien sind heute 15 bis 20 geworden, die nun zu dieser damals gegründeten Gemeinde, heute «Immanuel-Kirche», gehören. Wir erleben, wie der Herr uns in dieser Arbeit segnet.

Als Gemeinderäume dienen uns zwei für diesen Zweck angemietete Wohnungen: In der einen feiern die Erwachsenen zusammen Gottesdienst, und in der anderen findet parallel ein Programm für die Kinder statt. Da allerdings nach einiger Zeit der Platz im Gottesdienstraum mit seinen 60 Stühlen nicht mehr ausreichte, beschlossen wir, die Gemeinderäume so umzubauen, dass doppelt so viele Menschen darin Platz finden konnten. Des Weiteren befanden sich die Wohnungen leider in einem desolaten Zustand (z.B. defekte Abwasserleitungen, was üblen Geruch zur Folge hatte, sowie sehr feuchte Mauern), so dass auch Renovierungsarbeiten unbedingt nötig waren.

Das Besondere an unserer Gemeinde in Ramle ist, dass wir am Schabbatmorgen Gottesdienst feiern. Auch legen wir sehr viel Wert darauf, dass sich Leute mit einem kirchlichen Hintergrund bei uns wohlfühlen. Deshalb haben wir auch ein Kreuz und einen geordneten Gottesdienst. Viele Leute in Ramle haben seltsame Vorstellungen von evangelikalen Gemeinden und haben schon andere turbulente Versammlungen miterlebt. Diese Voreingenommenheit erschwerte am Anfang unsere Arbeit. Doch heute kommen die Leute zu uns und sehen, dass wir eine «Kirche» sind.

Haifa

Der Herr segnet uns auch mit einer zweiten Versammlung in unserer Wohnung in Haifa, wo wir jeden Montagabend um 19 Uhr eine Bibelstunde abhalten. Es kommen zwischen 20 und 25 Personen, um das Wort Gottes zu hören. Inzwischen ist unser Wohnzimmer zu klein geworden. Daher sind wir froh, jetzt einen größeren Versammlungsraum gefunden zu haben, der allerdings bisher als Lagerraum gedient hat und somit erst noch ausgebaut werden muss.

Möglichkeiten

Da wir kein Auto haben, fahre ich viermal in der Woche mit dem Zug von unserem Wohnort Haifa nach Ramle, südlich von Tel Aviv, um in unserer dortigen Gemeinde Versammlungen zu leiten. Am Schabbat fahren wir immer mit dem Sammeltaxi, da dann keine Züge unterwegs sind. Es gibt auch Tage, an denen wir nicht genug Geld haben, um mit der ganzen Familie zum Gottesdienst fahren zu können.

Die Reise mit dem Zug dauert jeweils eine Stunde und ist eine gute Gelegenheit, um mit den Mitreisenden über den Glauben ins Gespräch zu kommen. Ich lese in dieser Zeit immer in der Bibel. Die Israelis sind so neugierig, dass ich fast jedes Mal gefragt werde, was ich denn da lese. So überraschte es mich nicht im Geringsten, als mich eines Tages wieder einmal jemand ansprach: «Ist das der Koran?» Ich antwortete: «Nein, das ist die Tora.» – «Die Tora in Arabisch?» – «Ja, in Arabisch. Genau genommen ist es die ganze Bibel, auch ein Neues Testament.» Daraufhin begann ich, diesem Mitreisenden von Gott und seiner Liebe und Barmherzigkeit zu erzählen und dass wir nur bei ihm wirklichen Frieden finden. Ein anderes Mal unterhielt ich mich mit einem Rabbi über das Alte Testament, Mose und König David, worauf der Rabbi fragte: «Haben Sie das in einer jüdischen Schule oder in einer Synagoge gelernt?» Ich erwiderte: «Weder noch.» – «Aber woher wissen Sie dann all diese Details über unsere Religion?» – «Ich bin Araber, aber mein Herr ist Jude!» Worauf der Rabbi erstaunt nachhakte: «Ihr Herr?» – «Ja, Jesus Christus ist mein Herr.»

Ich unterhalte mich so lange mit den Leuten, bis ich ihnen sagen kann, dass es ohne Jesus Christus keine Rettung gibt. Ich bin Gott sehr dankbar für diese Möglichkeit, seine Gute Nachricht weiterzugeben und von seiner Liebe zu erzählen.

Wir sind in unserem Dienst auf Gebetsunterstützung angewiesen, vor allem auch, weil viele Menschen in unserer Gemeinde aus schwierigen Verhältnissen zum Glauben kommen. Wir sind dankbar für jede Unterstützung.

Rachel Netanel vor ihrem neuen Haus in En Karem

Straßenszene in En Karem, Jerusalem

Rachel ins Gespräch vertieft

Treffen in Rachels Wohnzimmer

Rachel Netanel

Ein Herz für alle

Rachel Netanel arbeitet für den Verein Beth Netanel, der es sich zum Ziel gesetzt hat, Israelis in ihrer eigenen Sprache (Hebräisch) und Kultur mit dem Evangelium zu erreichen. Beth Netanel möchte die Gute Nachricht auch an interessierte Araber weitergeben und Juden und Araber durch die Liebe Jesu zusammenbringen. Rachel Netanels Dienst besteht hauptsächlich darin, Leute aus allen Gesellschaftsschichten zum gemeinsamen Essen und Bibelstudium einzuladen. Auf diese Weise erreicht sie Hunderte von unterschiedlichen Menschen mit dem Evangelium.

Gott kommt in mein Leben

Ich komme aus einer religiösen marokkanisch-jüdischen Familie, wurde aber in Jerusalem geboren und bin dort auch aufgewachsen. Ich habe im Laufe meines Lebens in den unterschiedlichsten Bereichen gearbeitet: Ich war zehn Jahre lang Polizistin in Jerusalem, außerdem Grafikerin beim Fernsehen, Restaurantbesitzerin und Verkäuferin. Vor zwölf Jahren hatte ich dann eine Begegnung, die mein Leben verändern sollte.

Ich arbeitete damals in einem Teppichgeschäft, als eines Tages ein Mann in den Laden kam. Er hatte eine etwas dunklere Hautfarbe und war allem Anschein nach Jude. Er fragte nach einem Teppich. «Was für einen Teppich möchten Sie denn?», erwiderte ich, worauf er zur Antwort gab: «Ich will einen Teppich für viele Leute.» Wieder hakte ich nach: «Nein, Sie müssen mir sagen, welche Art von Teppich Sie möchten.» Er antwortete: «Dieser Teppich ist für Gottes Haus.» Ich war schockiert und dachte so bei mir: «Wie kann er über das Haus Gottes sprechen, ohne eine Kippa, die Kopfbedeckung jüdischer Männer, zu tragen?» Deshalb fragte ich ihn: «Was für einen Gott haben Sie denn? Sie tragen keine Kippa. Wie können Sie da von Gottes Haus sprechen? Ist es eine Synagoge?» Er erklärte: «Nein, mein Gott hat mich frei gemacht von der Kippa und von allem.» Das verstand ich nicht: «Was soll das heißen?» Meine Neugier kannte jetzt keine Grenzen mehr, ich wollte wirklich wissen, wer dieser Gott war. So fragte ich ihn geradeheraus: «Sind Sie Jude?», worauf er antwortete: «Natürlich. Zu 100 Prozent.» Ich war verwirrt und stand vor einem Rätsel.

An diesem Tag entschied er sich für keinen Teppich, denn er merkte, dass mein Interesse an dem, was er gesagt hatte, geweckt worden war. Er ging nach Hause und betete. Am nächsten Tag kam er wieder und brachte auch seine Frau mit. Sie kauften einen Teppich und luden mich auf eine Tasse Kaffee ein. Ich fand dieses Ehepaar sehr nett und interessant. Deshalb nahm ich die Einladung gerne an, um besser zu verstehen, wovon der Mann am Tag zuvor gesprochen hatte. Als wir dann so zusammensaßen, begannen sie mich zu fragen, ob ich Jeschua kennen würde. «Ja», sagte ich, «ich kenne Jeschua ben Nun [Josua, der Sohn von Nun], den Nachfolger Moses im Alten Testament.» Er erwiderte: «Nein, ich meine Jeschua!» Ärger stieg in mir hoch. Wie konnte er es wagen, mit mir über Jeschua zu sprechen? Ich sagte zu ihnen: «Ich bin Jüdin, ich will gar nichts über Jeschua hören!» Ich hatte wirklich keine Lust, über diesen Mann zu reden. So fragte ich die beiden: «Was habt ihr mir sonst noch zu erzählen?» Sie blieben jedoch hartnäckig: «Aber Jeschua war Jude.» Ich sagte bestimmt: «Nein.» Er ließ nicht locker: «Aber die Bibel spricht von ihm.» Ich antwortete: «Nein, es steht nichts über ihn in der Bibel. Ich habe die Bibel gelesen und kenne sie. Meine Familie ist religiös. Ich habe den Namen Jeschua nie in der Bibel gesehen.» Ich fügte noch hinzu: «Ich liebe die Geschichten der Bibel. Wenn Sie mir Geschichten aus der Bibel erzählen wollen, ist das okay, aber nicht aus dem Neuen Testament.»

Am nächsten Freitag luden mich Shimon und Batja, inzwischen kannte ich ihre Namen, zu sich nach Hause ein. Sie feierten Kabbalat Schabbat (Eingangsfeier zum Schabbat). Bei diesem Essen werden der Wein und das Brot gesegnet. Als ich hereinkam, war ich sehr überrascht. Ich traf einen anderen Geist und eine andere Welt an, alles war so friedlich und einfach schön. Der Tisch war reich gedeckt und wunderbar geschmückt, wie ich es kannte. Shimon trug sogar eine Kippa. Verwirrt fragte ich ihn: «Wie könnt ihr Kabbalat Schabbat genauso gestalten wie die Juden und gleichzeitig an Jeschua glauben?» Und wieder war seine Antwort: «Jeschua war Jude.» Ich bohrte weiter: «Warum tragen Sie heute eine Kippa?» Er meinte: «Auch Jeschua trug vielleicht eine Kippa.» «Was?», fragte ich erstaunt. «Hören Sie, mir gefällt es sehr gut bei Ihnen, alles ist so schön hergerichtet. Aber ich will nicht über Jeschua sprechen.» Er gestand mir das zu: «Das ist in Ordnung.» Als wir uns an den Tisch setzten, dachte ich, wir wären in einer anderen Welt. Ich fühlte einen tiefen Frieden, und mir gefiel die Atmosphäre. Doch ich wusste nicht, wie ich mir das alles erklären sollte. Beim gemeinsamen Essen dachte ich: «Warum sind sie so gut zu mir?» Als ich schließlich das Haus verließ, schwirrte mir der Kopf vor lauter Fragen.

Der Geburtstag

Zwei Wochen später war mein Geburtstag, der in jenem Jahr genau mit dem jüdischen Feiertag Purim zusammenfiel. Ein Freund hatte die wunderbare Idee, meinen Geburtstag als Purimfest, das so ähnlich wie ein Faschingsfest begangen wird, mit 100 Leuten groß zu feiern. Ich war begeistert. Doch gleichzeitig verspürte ich Neid auf die Leute, die diesen Frieden hatten, den ich bei Shimon und Batja deutlich gespürt hatte. Ich wünschte mir innerlich, mit diesen Menschen zusammen zu sein. Konnte ich jetzt wirklich noch ausgelassen Purim feiern, so wie wir es bisher immer getan hatten? Doch wenn meine Freunde dieses Fest für mich organisierten, dann würde ich natürlich hingehen. Das war ja schließlich mein Leben. Ich war immer mit diesen Leuten zusammen, das war meine Welt.

Doch genau an dem Freitag, an dem meine Geburtstagsparty gefeiert werden sollte, rief mich aus heiterem Himmel Batja an und fragte: «Willst du mit uns nach Haifa kommen und Purim feiern?» Ich wusste, was die Antwort meines Herzens war – und sagte kurzerhand: «Ja!» Doch kurz nachdem ich aufgelegt hatte, stiegen in mir Zweifel hoch, und plötzlich konnte ich nicht verstehen, warum ich zugesagt hatte, da meine Freunde doch eine Party für mich organisiert hatten. Aber ich wusste tief in meinem Herzen, dass ich eigentlich mit Batja und Shimon gehen wollte, und so war es mir egal, auch wenn 100 Leute zu meiner Geburtstagsfeier kamen. Ich dachte: «Sie können auch ohne mich feiern, denn für sie ist es letztlich nur wichtig, einfach richtig Party zu machen und sich selbst darzustellen.» Die Frauen würden wie immer freizügig gekleidet aufkreuzen, und man würde ausgelassen feiern und trinken. Mir war klar, dass ich nichts anderes wollte, als nach Haifa zu gehen. Und das war es, was ich dann auch tat.

Als ich in Haifa das Beth Jedidja, ein messianisches Begegnungszentrum, betrat, dachte ich: «Wow, hier kann ich so sein, wie ich bin – ohne Maske. Sie haben mich gern, obwohl sie mich nicht kennen. Das gefällt mir.» Aber ein Problem gab es da – ihr Glaube an Jeschua. Ich wollte gar nicht erst daran denken. Meine Freunde feierten unterdessen meinen Geburtstag ohne mich.

Am darauf folgenden Tag, am Schabbat, lehrte Shimon über Ester und Mordechai (siehe Buch Ester im Alten Testament). Dabei zog er den Vergleich von Jeschua mit Mordechai und Ester. Ich dachte: «Ich verstehe zwar nicht alles, aber was er sagt, klingt jüdisch.» Ich musste nachdenken, und so verließ ich das Haus und setzte mich unter die Bäume auf dem Karmelberg. Was sollte ich tun? Ich fühlte mich so verwirrt. Gleichzeitig spürte ich in meinem Herzen, dass das, was diese Leute hatten, genau das war, was ich wollte. Als ich zum Haus zurückging, fürchtete ich, ich sei nicht mehr normal. Es kam mir so vor, als drehten sich alle Passanten nach mir um, weil ich mit Leuten zusammen war, die Jeschua nachfolgten. In mir kreisten die Gedanken. Was sollte ich tun? Meine Familie würde mich verlassen. Meine Kinder würden sich von mir distanzieren. Was würde an der Arbeitsstelle geschehen? Ich mochte nicht daran denken.

Als wir zurück nach Jerusalem kamen, dachte ich: «Ich muss die Bibel lesen.» Es war wirklich erstaunlich, was da in mir vorging. Ich wollte nicht mehr zur Arbeit gehen. Ich war drei Wochen zuhause und las in der Bibel. Es war, als würde ich mit Gott sprechen. Ich spürte da eine Beziehung zu Gott, etwas war so ganz anders. Dann fuhr ich zum Gottesdienst in Shimons Gemeinde. Ich war an diesem

Tag die einzige Besucherin. Deshalb wollte ich von Shimon wissen, weshalb außer mir niemand hier war. Er erklärte: «Diese Gemeinde ist neu, und du bist ihre erste Frucht.» Dann fragte er mich, ob ich Jeschua in mein Herz einladen möchte. Ich dachte: «Warum nicht? Was bedeutet schon der Name Jeschua? Wenn es wahr ist, was diese Leute erzählen, warum nicht? Und wenn es nicht stimmt, dann ist es genauso, als wenn ich sonst irgendein bedeutungsloses Wort aussprechen würde.»

Nachdem ich Jeschua im Gebet in mein Leben eingeladen hatte, waren Shimon und Batja sehr glücklich. Doch ich selbst wurde auf einmal ängstlich. Ich dachte, ich hätte etwas Falsches getan. Ich fürchtete mich, mit dem Auto nach Hause zu fahren, und dachte: «Ich habe Jesus in mein Herz eingeladen. Als Strafe werde ich sicher in einen Unfall verwickelt. Doch – warum denke ich überhaupt so?» Noch nie in meinem Leben hatte ich solche Gedanken gehabt. Nur weil ich Jesus eingeladen hatte, kamen mir solche kindischen Ideen? Das war sehr seltsam.

Meine Familie ist religiös, jedoch nicht orthodox. Als marokkanische Familie halten sie den Schabbat, besuchen die Synagoge und befolgen die rabbinischen Gebote. Für sie war meine Hinwendung zu Jeschua ein harter Schlag. Mein Bruder sprach neun Jahre lang nicht mehr mit mir, weil ich an Jeschua glaube. Er dachte, ich hätte Schande über die Familie gebracht, weil ich zu einer anderen Religion übergetreten und keine Jüdin mehr sei. Nach neun Jahren begann er zu verstehen, dass ich immer noch jüdisch bin und die jüdischen Feste feiere. Genauso war es auch mit meinen Söhnen. Heute bitten sie mich, für sie zu beten, wenn sie etwas brauchen.

Warum?

Ich fragte mich, wie es sein konnte, dass ich 43 Jahre in den Straßen von Jerusalem herumgegangen war, ohne dass mir jemand von Jeschua erzählt hatte. Man geht durch die Stadt und sieht nur die Fassaden der Häuser, aber man sieht nicht in das Leben der Leute hinein. Wie soll man wissen, ob sich da eine Gemeinde versammelt oder ob dort Gläubige wohnen? Niemand erzählt dir etwas von Jeschua, und du weißt nicht, dass du dein Leben verändern kannst. So begann ich, mit den Leuten auf der Straße zu reden.

Eines Tages saß ich im Bus neben einem Mann. Ich sah zu ihm hin und er zu mir her. Plötzlich fragte er mich: «Was schaust du so?» Ich antwortete: «Du musst mit mir kommen.» Er meinte: «Warum?» Darauf erwiderte ich: «Weil ich etwas kenne, das du nicht kennst.» Das erstaunte ihn: «Was?» Ich sagte: «Ich will es dir nicht sagen. Du musst mit mir mitkommen.» Er war nicht einverstanden: «Das ist nicht meine Haltestelle.» Doch ich forderte ihn auf: «Komm. Es betrifft dein Leben.» Ich brachte ihn zu Shimon und bat ihn: «Bitte erzähl ihm vom Messias, und was er für diesen Mann getan hat.»

Hier war ich also mit meinem Anliegen, den Leuten auf der Straße von Jeschua zu erzählen, weil früher niemand mit mir über ihn gesprochen hatte. Dabei wurde mir bewusst, dass ich die Bibel noch besser kennen lernen musste, um mehr über Jeschua zu erfahren. So schaute ich mich um und erfuhr, dass es in Tel Aviv eine Bibelschule gab. Aber ich lebte in Jerusalem. Ich beschloss, meine Wohnung in Jerusalem zu vermieten, um in Tel Aviv die Schule besuchen zu können. Als ich mich telefonisch anmelden wollte, erklärte mir Asher Intrater: «Es tut mir leid, aber wir sind nicht mehr in Tel Aviv, wir sind nach Jerusalem umgezogen.» Das war eine positive Überraschung und vereinfachte die Sache für mich. Ich machte mich auf den Weg zu der angegebenen Adresse, stellte mich Asher vor und sagte einfach: «Ich bin gekommen, um hier die Bibel zu studieren.» «Das freut uns. Gehen Sie ins Sekretariat, bezahlen Sie die Schulgebühr und fangen Sie mit der Bibelschule an», forderte er mich auf. Ich erwiderte: «Aber ich kann nicht bezahlen.» «Warum?», wollte er wissen. Meine Antwort war klar: «Ich habe kein Geld. Doch ich könnte putzen oder Leute hierher bringen, ich kenne viele Leute.» Auf diesen Vorschlag ging er ein: «Gut, dann bringen Sie Leute her.»

Ich dachte gar nicht daran, dass er meinen könnte, dass ich die Leute in der Zukunft bringen könnte. Ich dachte, jetzt gleich. So ging ich auf die Straße und sah mir die Leute an, die dort waren. Eine Frau verkaufte Softeis. Ich sprach sie an: «Du musst aufhören, Softeis zu verkaufen, und mit mir kommen.» Ihre naheliegende Frage war:

«Warum?» Ich erklärte ihr: «Es geht um dein Leben. Wenn du dein Leben verändern willst, dann lass alles liegen und komm mit mir.» Sie verließ alles und ging mit mir. Ein Mann schaute uns zu. Ich ging zu ihm hin: «Möchtest du dein Leben verändern?» «Wie?», fragte er. «Komm mit mir», forderte ich ihn auf. Am Schluss waren wir sechs oder sieben Leute, als wir zur Schule zurückkamen. Ich erklärte Asher: «Hier sind die Leute.» Er war erstaunt: «Was soll das?» Ich antwortete: «Leute, du wolltest doch Leute – hier sind sie.» Worauf er erwiderte: «Nein, du hast mich falsch verstanden. Wir brauchen Gläubige, Studenten!» Ich fragte: «Was soll das heißen? Hier sind Ungläubige. Sie wissen nichts über Jeschua. Kannst du sie nicht unterrichten?» So begann er einen Kurs für sie.

Es war erfreulich zu sehen, wie Leute, die nichts von Jeschua wussten, die biblischen Geschichten über ihn hören wollten. Das alles passierte in Jerusalem. Ich konnte es kaum glauben. Danach sagte Asher zu mir: «Wenn du diese Gabe hast, die Menschen anzusprechen, mache etwas daraus!» Ich war schon einen Schritt weiter: «Ich habe bereits damit begonnen. Jeden Freitagabend lade ich Leute zu mir nach Hause ein und feiere mit ihnen Kabbalat Schabbat. Willst du kommen und sie lehren?» Zuerst kamen sechs Leute, nach einigen Wochen waren wir sechzig. Zu Sukkot, zum jüdischen Laubhüttenfest, kamen dann rund siebzig Personen.

Es wurden immer mehr. Heute treffen sich wöchentlich verschiedene Gruppen bei mir zuhause. Neben der Schabbatfeier gibt es die Bibelstudiengruppe am Sonntag mit rund 40 Teilnehmern. Kleinere Treffen und persönliche Gespräche finden unter der Woche statt. Zu verschiedenen Anlässen kommen mehrere hundert Personen zusammen, um zu feiern und Gottes Wort zu hören. Diese Zusammenkünfte sehen normalerweise so aus, dass es etwas Kleines zu essen gibt, gemeinsam gesungen wird, jemand einen Bibeltext erklärt, dann beten wir zusammen und diskutieren noch bis weit in die Nacht hinein.

Es ist unglaublich, wie viele unterschiedliche Gelegenheiten Gott mir schenkt, um mit anderen Menschen über das Evangelium zu sprechen!

Kiddusch des Melchisedek

Ich wurde von einer Familie, die noch nicht an Jeschua glaubt, zu ihrer Schabbatfeier eingeladen. Außer mir waren noch weitere 14 Freunde der Familie anwesend, alle offensichtlich aus den gehobeneren Gesellschaftsschichten. Man bat mich, den Kiddusch (Weinsegen für den Schabbat) zu sprechen und ein paar Worte zu einem biblischen Text zu sagen. Ich nutzte die Gelegenheit und sprach über die Geschichte von Melchisedek (1. Mo. 14,18ff.), der als Erster den Wein gesegnet hatte. Von da kam ich auf Gott wie auch auf den Messias zu sprechen. Viele der Anwesenden zeigten Interesse an dem, was ich zu sagen hatte, und äußerten den Wunsch, weiterhin mit mir in Verbindung zu bleiben. Es ist mein Gebet, dass sie verstehen, dass nur Jeschua wahren Segen in ihr Leben bringen kann.

Beim Friseur

Es gibt keinen Ort, der ungeeignet ist, um über den Glauben zu sprechen. Während eines Friseurbesuchs in Tel Aviv ergab sich für mich einmal die Gelegenheit, vier Stunden lang von Gott zu erzählen, wobei meine Zuhörerschaft, Angestellte und Kundinnen, mit der Zeit aus insgesamt elf Personen bestand. Das Ergebnis war, dass mich am Ende zwei von ihnen baten, für sie zu beten.

Bei einem anderen Friseurbesuch, diesmal in Jerusalem, stellte mir der Friseur plötzlich Fragen über Fragen zu meinem Glauben, während er eigentlich mit meinen Haaren beschäftigt war. Die Unterhaltung zog sich länger hin als bei einem Friseurbesuch üblich, und als ich nach vier Stunden den Laden verließ, war ich froh, die Gelegenheit bekommen zu haben, diesem Mann Gottes Wort zu erklären. Ich bin überzeugt, es war Gottes gute Zeitplanung, dass während der ganzen Zeit nur eine weitere Kundin in das Geschäft kam, und sogar sie beteiligte sich an unserer Diskussion. Der Friseur und sein Angestellter ließen sich zu unserem Treffen am darauf folgenden Sonntag einladen, kamen und waren begeistert! Wir waren insgesamt 55 Leute, so dass unser Raum ziemlich voll war, aber anscheinend tat das der guten Atmosphäre keinen Abbruch, denn viele blieben bis spät in die Nacht, und es ergaben sich gute Gespräche.

Chanukka-Party

Ende 2005 hatte ich die Idee, eine große, öffentliche Chanukka-Party für junge Leute zu organisieren. Ich ließ mich von der kurzen Vorbereitungszeit und den zu erwartenden Kosten nicht abhalten und begann mit der Organisation. Es zeigte sich, dass ich für die Miete eines entsprechenden Raumes und für das Essen etwa 6000 US-Dollar (rund 4800 Euro/7500 CHF) brauchen würde. – Und Gott segnete dieses Vorhaben, das Geld kam wie durch ein Wunder zusammen. So konnte ich vor Hunderten von Menschen mein Lebenszeugnis ablegen!

Das Grillfest

Als ein regelmäßiger Teilnehmer unserer Sonntagstreffen zu seinem Militärdienst einrücken musste, organisierte ich zu seinem Abschied ein Barbeque. Während des Grillens zog der Duft von gebratenem Fleisch durch das ganze Haus und bis hinüber zu meiner Nachbarin. Sie schaute vorbei und ließ sich zu unserem Treffen einladen. Danach erzählte sie mir: «Eigentlich hatte ich mir vorgenommen, nie an Ihren Treffen teilzunehmen. Aber ich war sehr neugierig, was hier vor sich geht. Ich muss sagen, es hat mir richtig gut gefallen!»

Gott liebt Sie!

Eines Tages begegnete ich in Jerusalem auf der Straße einem arabischen Mann. Ich sah ihm an, dass er völlig verzweifelt war. Deshalb sprach ich ihn an, indem ich ganz einfach sagte: «Gott liebt Sie sehr!» Dies gab ihm den Anstoß dazu, sich zu öffnen und mir aus seinem Leben zu erzählen. Im Laufe unseres Gesprächs vertraute er mir an, dass er dreieinhalb Jahre im Gefängnis zugebracht hatte. Bevor wir uns voneinander verabschiedeten, konnte ich für ihn beten und ihn zu unserem Sonntagsbibeltreffen einladen.

Und er kam tatsächlich! Während der Veranstaltung predigte Pastor Meno Kalisher über Psalm 2. Es ging um Gottes Liebe und seinen Sohn. Der arabische Mann weinte und nahm Jesus als seinen Herrn an. Durch seine Zeit im Gefängnis war aus ihm ein gebrochener Mann geworden. Hier bei unserem Treffen spürte er nun Gottes Liebe. Jesus sagte uns, dass die Menschen an unserer Liebe Gott erkennen werden.

Die besondere Taufe

An einem anderen Tag rief mich ein Verwandter von mir an. Er und seine Frau hatten bisher eigentlich nichts von Gott wissen wollen. Aber an jenem Tag führten wir ein zweistündiges Telefongespräch über den Glauben. Am Ende lud ich ihn und seine Frau zu mir ein. Als sie der Einladung folgten, wurde mir bewusst, wie unglaublich es überhaupt war, dass sie wirklich bei mir waren. Doch es sollte noch besser kommen: Beide gaben ihr Leben dem jüdischen Messias! Sie äußerten auch den Wunsch, sich taufen zu lassen, was wir dann für unsere Pessachfeier am Toten Meer einplanten.

Der Zeitpunkt ihrer Taufe war ein ganz besonderer: Genau an dem Tag, an dem Jesus für unsere Sünden gestorben war, gaben die beiden ihr altes Leben in den Tod. Da es im Toten Meer wegen des hohen Salzgehalts natürlich ziemlich schwierig ist, ganz unterzutauchen, mussten wir die Täuflinge richtig unter Wasser drücken. – Ist es im Leben nicht auch manchmal so, dass es schwierig ist, das alte Leben zurückzulassen? – Danach mussten sie ihr Gesicht schnell mit frischem Wasser waschen, denn das Salz brennt sonst zu sehr in den Augen. – So ist es doch auch im Leben: Wir müssen von Jesus gereinigt werden, er gibt das lebendige Wasser.

Am folgenden Schabbat übernahm mein Verwandter bei einem Schabbattreffen von 80 Juden und Arabern das Segnen des Weines. Danach erzählte er mir, wie sehr es ihn beeindruckt hatte, mit welcher Liebe sich dabei Juden und Araber begegnet waren.

Der wahre Unabhängigkeitstag

Wir feierten den Unabhängigkeitstag Israels mit einer großartigen Grillparty im Garten. Es kamen viele Leute aus Tel Aviv zu dem Treffen – und sie stellten viele Fragen. Manchmal kann ich kaum glauben, wie wenig die Menschen in Israel über die Bibel wissen. Der Staat Israel ist seit 1948 unabhängig. Im Gegensatz dazu sind viele seiner Bewohner so abhängig. Deshalb predigte ich über die Unabhängigkeit in Jeschua. Ist es nicht erstaunlich, dass Israel für 70 Jahre ins Exil nach Babylon weggeführt wurde, weil es dem Erdboden nicht die vorgeschriebene Schabbatruhe gegönnt hatte? Auch heutzutage hört niemand im Land wirklich auf den Herrn. Was wird das Gericht über unserer Nation sein? In Jeschua bekommen wir einen persönlichen Unabhängigkeitstag: Unabhängigkeit von der Sünde. Jeschua ist unser Friede und unsere Freiheit. Lasst uns diese Gute Nachricht zu allen Leuten in Israel bringen!

Kurzurlaub

Von meinen Kindern bekam ich einen Kurzurlaub in der Türkei geschenkt. Bei solchen Pauschalreisen sind im Charterflugzeug und später im Hotel normalerweise immer die gleichen Leute zusammen, und so war es auch dieses Mal. Ich erzählte meinen Mitreisenden schon während des Fluges von meinem Glauben und konnte die geknüpften Kontakte im Hotel weiterpflegen. Eine Frau entschied sich noch während des Urlaubs, Jeschua als ihren Herrn anzunehmen. Ich lud dort auch zu unserem geplanten Wochenendausflug in die Wüste mit Meno Kalisher und mir ein – und einige von ihnen sagten zu, da sie gerne noch mehr über meinen Glauben erfahren wollten. Sie kündigten sogar an, auch einige ihrer Freunde dazu mitnehmen zu wollen.

Auf dem Postamt

Einmal kam ich auf dem Postamt mit einem Mann ins Gespräch. Als er dann sagte, er müsse jetzt gehen, um noch Matzen einzukaufen, bot ich ihm an, er könne welche von mir haben. Als er sie bezahlen wollte, entgegnete ich, dass ich sie ihm gerne schenken wolle, und erzählte von Gottes Liebe zu ihm. Während unseres Gesprächs stellte sich heraus, dass seine Frau, die im Auto saß und auf ihn wartete, Parkinson hatte. Ich betete für sie. Die beiden konnten nicht verstehen, dass sie Matzen und Gebet wirklich geschenkt bekamen, worauf ich ihnen erklärte, dass uns die Liebe Jesu mit allem versorgt, was wir brauchen.

Neue Freunde

Als ich mein gemietetes Haus richtig schön hergerichtet hatte, kündigte mir mein Vermieter an, dass ich mir etwas anderes suchen müsste, da er das Haus verkaufen wolle. Einige Tage später kam deshalb ein Interessent für das Haus vorbei. Mein Bruder war gerade mit einigen Freunden bei mir, und wir aßen zusammen Fisch nach marokkanischem Rezept. Ich lud den Mann spontan ein, doch mitzuessen. Als wir zusammensaßen, zeigte er mir ein Buch, das er über unser Dorf En Karem geschrieben hatte. Als er bemerkte, dass ich an Jeschua glaubte, freute er sich sehr. Das war etwas Neues: Ein Jude, der von meinem Glauben hört und sich darüber freut! Er erzählte weiter, dass er in seinem Buch auch über Johannes den Täufer, der in En Karem aufgewachsen war, geschrieben hatte.

Ich berichtete ihm von meiner Arbeit. Als er dann sah, dass Araber, mit denen ich Kontakt hatte, ihr Leben veränderten, war er sehr beeindruckt. Als wir auf das Haus zu sprechen kamen, kündigte er an, er wolle möglichst schnell mit den Renovierungsarbeiten daran beginnen. Das bedeutete: noch bevor ich ausgezogen war. Ich entgegnete, dass das nicht ginge, da ich mir nicht vorstellen könne, mit dem ständigen Kommen und Gehen der Handwerker zu leben. Noch am selben Abend kam er wieder und brachte mir ein Ticket für eine Urlaubsreise nach Griechenland. Ich nahm es an, flog hin und lernte dort während meines Urlaubs viele Israelis kennen. Ich packte die Gelegenheit beim Schopf und erzählte auch ihnen die Gute Nachricht. Bis heute habe ich zu manchen von ihnen noch Kontakt.

Widerstand

In meiner Arbeit erlebe ich immer wieder Widerstand aller Art. Es werden Gerüchte verbreitet, und man warnt davor, die Zusammenkünfte bei mir zu besuchen. Man sagt, ich stehle Seelen, ich würde den Leuten ihr Jüdischsein nehmen oder sie anlügen. Auch äußere Widrigkeiten stellen sich uns in den Weg. Einmal brach ich mir bei Renovierungsarbeiten an einem Haus ein Bein. Als wir das neue Gebäude in En Karem umbauten, stürzte plötzlich eine Mauer des Nachbarn ein, die auf einem Teil unseres Fundaments gebaut war. Die Arbeiter konnten gerade noch rechtzeitig zur Seite springen. Wir sind sehr dankbar, dass dabei niemand verletzt wurde. Genau am selben Tag musste ich noch das bevorstehende Sonntagabend-Treffen vorbereiten. Da das Haus ja noch nicht fertig renoviert war, musste ich alles Nötige in meine kleine Wohnung mitnehmen. Erst nach der Veranstaltung fiel mir auf, dass meine Handtasche fehlte. Sie musste in der ganzen Aufregung außerhalb der Wohnung liegen geblieben sein und war nun nicht mehr auffindbar. Das war sehr schlimm für mich, denn neben meinem Ausweis und den anderen wichtigen Papieren, die ich darin aufbewahrte, befand sich darin ein großer Geldbetrag meines Sohnes. Leider ist die Tasche nie wieder aufgetaucht. Warum musste das passieren? – Wir wissen es nicht. Aber ich vertraue Gott, dass er diese Angelegenheit zur Verherrlichung seines Namens gebrauchen wird. Es scheint, als wollte uns jemand durcheinander bringen und entmutigen.

Einige Wochen später wurde das Gerücht verbreitet, wir würden bei Renovierungsarbeiten alte Gräber auf dem benachbarten Grundstück öffnen und hätten dabei Gold gefunden. Das führte dazu, dass uns die Polizei und Beamte der Archäologiebehörde einen Besuch abstatteten. Die ganze Angelegenheit war sehr verwirrend. Ich erklärte ihnen, was wir hier machten, aber es wurde dabei so viel Zeit verschwendet, die ich besser hätte nutzen können.

Auch der Bürgermeister von En Karem kam eines Tages auf der Baustelle vorbei. Er sagte uns, wie froh er sei, dass sich jemand um dieses Grundstück kümmere. Es gehört der arabischen Gemeinde, weil es vor langer Zeit einmal ein arabischer Friedhof gewesen war. Doch nun lag es brach und war vollkommen verwildert. Wir hatten es gerodet und aufgeräumt, weil es sich direkt neben dem Haus von Beth Netanel befindet.

Wir sind froh über alle Gebete und Unterstützung, so dass der Feind unsere Arbeit nicht aufhalten kann. Gleichzeitig freue ich mich, jede Begegnung im Zuge dieser Schwierigkeiten auch evangelistisch nutzen zu können und jedem, z.B. der Polizei und den Beamten der Archäologiebehörde, zu erklären, was ich glaube.

Das neue Zentrum

Im Sommer 2006 konnten die Umbauarbeiten an diesem Haus in En Karem abgeschlossen werden, so dass es nun als Zentrum von Beth Netanel dienen kann. Es soll ein Ort sein, an dem sowohl Juden als auch Araber von Jeschua erfahren. Das Besondere daran ist, dass es kein Haus für eine Gemeinde einer bestimmten Denomination sein soll, sondern ganz gezielt ein Ort für Suchende. Hier wollen wir ihnen das Evangelium weitergeben und aufzeigen, dass Jeschua ein Jude war. Wir werden auch weiterhin alle jüdischen Feste feiern, wie es Jesus und seine Nachfolger in den ersten 100 Jahren getan haben.

Wir verwenden für unsere Predigten und Bibelarbeiten ausschließlich Bibeltexte aus dem Alten Testament, damit die Hemmschwelle für unsere Besucher, vor allem für Menschen jüdischen Glaubens, weniger hoch ist. Und wir werden auch hier in En Karem wieder unsere Treffen nach dem bewährten Muster gestalten: Wir essen zusammen, wir loben gemeinsam Gott, und dann können die Leute Fragen stellen. Ich bin froh, dass wir in diesem Zentrum mehr Raum haben und uns nicht mehr in meiner kleinen Zweizimmerwohnung treffen müssen. Wir freuen uns über jeden, der zu uns kommt und sich unsere Arbeit einmal ansehen möchte.

Gregory und seine Familie

Das Beth Nitzachon und sein Leiter Eric Benson

Die Bewohner des Beth Nitzachon mit Gregory

Gregory

Der lange Weg aus der Sucht

Gregory war ein Teilnehmer des Programms im Rehabilitationszentrum «Beth Nitzachon» in Haifa. Heute ist er dort ein freier Mitarbeiter. Das Beth Nitzachon hilft suchtkranken Menschen beim Ausstieg aus der Abhängigkeit und der Integration in ein suchtmittelfreies Leben.

Mit 15 schon selbständig

Ich wurde 1961 in Birobijan, einer Stadt in der ehemaligen Sowjetunion, geboren. Birobijan liegt in einer autonomen Region unweit der Grenze zu China, die Stalin der jüdischen Bevölkerung der Sowjetunion zugeteilt hatte. Meine Mutter war Jüdin und mein Vater Russe. Sie waren unter den ersten Ankömmlingen dort und halfen Birobijan mit aufzubauen. Während der späten 1930er und frühen 1940er Jahre war auch ein Teil meiner Familie vor den Judenverfolgungen unter Stalin nicht verschont geblieben.

Ich war ein Einzelkind und kam erst 16 Jahre nach der Hochzeit meiner Eltern zur Welt. Mein Vater, ein Offizier, der während des japanisch-russischen Grenzkonflikts 1938/1939 im fernen Osten der Sowjetunion gekämpft und nach dem Sieg über Japan die Armee verlassen hatte, war bei meiner Geburt bereits 44 Jahre alt, meine Mutter 34.

Während meiner Schulzeit interessierte ich mich für Malerei und Töpferei. Nach der Mittelschule verließ ich Birobijan, um in einer anderen Stadt eine Kunstschule zu besuchen. Schon mit 15 Jahren lebte ich ein unabhängiges Leben weit weg von zuhause, wodurch sich mein Alltag radikal veränderte. Ich begann zu rauchen, nahm täglich weiche Drogen wie Marihuana und wurde sexuell aktiv.

Nach vier Jahren Studium kehrte ich zu meiner Familie zurück. Ich heiratete mit 19, und ein Jahr später hatten wir unser erstes Kind. Doch bereits nach zwei weiteren Jahren zerbrach meine Ehe. Die Leute, mit denen ich verkehrte, waren Künstler und Architekten, und wir trafen uns in einer Art Club, wo wir unsere Zeit mit dem Konsum von Alkohol und Marihuana verbrachten. In dieser Zeit begann ich ein Verhältnis mit einer verheirateten Frau. Nach einer Weile verließ sie ihren Ehemann, und wir zogen in eine gemeinsame Wohnung. Sie hatte einen Sohn, der drei Jahre alt war. Doch auch als wir zusammenlebten, änderte ich meinen Lebensstil nicht. Ich traf mich weiterhin mit anderen Frauen, verkehrte mit den alten Freunden und nahm Drogen. Ich verbrachte nicht allzu viel Zeit mit meiner Familie. Trotzdem heirateten wir, und meine Frau brachte fünf Jahre später ein Mädchen zur Welt. In dieser Zeit studierte ich an der Universität Kunst.

Nach meinem Studienabschluss arbeitete ich ein Jahr lang an einer Schule. Meine Abhängigkeit von Marihuana war nun offensichtlich, aber ich wollte mich nicht ändern, da ich dachte, ich hätte die Sache noch im Griff. Nach 13 Jahren zerbrach auch diese Ehe, und es war wieder einmal meine eigene Schuld gewesen. Schon bevor ich meine Familie verließ, war ich heroinsüchtig geworden. Ich war körperlich und moralisch vollkommen am Boden. Über mein geistliches Leben gibt es nicht viel zu erzählen, weil es keines gab.

1995, nach großen Problemen mit meiner Familie und an meiner Arbeitsstelle, beschloss ich, mit meiner Mutter nach Israel auszuwandern. Mein Vater war zu dem Zeitpunkt bereits seit 15 Jahren tot. Das erste Wunder auf unserer Reise war, wie ich durch die Kontrollen auf dem Flughafen kam. Ich trug Unmengen von Drogen, Spritzen und Chemikalien zur Herstellung von Drogen an mir. Wenn sie mich am Flughafen erwischt hätten, wäre ich für einige Jahre im Gefängnis gelandet. Dieses Wunder wurde mir erst Jahre später bewusst.

Neubeginn in Israel?

Während des 15-stündigen Fluges nach Israel stand ich unter Drogeneinfluss und war völlig «high». In Israel nahm ich nach und nach alle Drogen und Chemikalien, die ich mitgebracht hatte. Dann hörte ich auf, hatte aber erstaunlicherweise keinerlei Entzugserscheinungen. Das war das zweite Wunder, das ich jedoch wieder nicht gleich, sondern erst Jahre später als ein solches erkannte.

Zu jener Zeit litt ich permanent an einem steifen Nacken sowie unter einer zunehmenden Freudlosigkeit, so dass ich in eine Depression rutschte und wieder begann, Heroin zu nehmen. Als ich ein Jahr in Israel war, nahm ich schon wieder regelmäßig Drogen. Eines Tages kam eine Freundin, mit der ich während meiner zweiten Ehe in Russland eine intime Beziehung gehabt hatte, zu Besuch nach Israel. Wir nahmen unsere Beziehung wieder auf.

Da man mir meine Drogenabhängigkeit nicht mehr ansah, im Gegensatz zu der Zeit meiner Ausreise aus der GUS, konnte ich sie vor ihr verbergen. Sie nahm an, ich hätte mit den Drogen aufgehört. Wir heirateten auf der Botschaft von Paraguay, weil sie als Nichtjüdin und ich als Jude nach israelischem Recht nicht heiraten konnten. Wir beantragten die israelische Staatsbürgerschaft, die ich dann auch erhielt, meine Frau allerdings nicht. Ein Jahr später kam unser Sohn Roni zur Welt. Ich hatte Angst, dass er wegen meiner Drogen behindert sein könnte, aber wunderbarerweise war er vollkommen gesund.

Nach der Geburt meines Sohnes wurde es schier unmöglich, meine Drogenabhängigkeit vor meiner Frau zu verbergen, vor allem als ich dann meine Arbeitsstelle verlor. Da meine Frau nicht die israelische Staatsbürgerschaft besaß, hatte sie auch keine Arbeitserlaubnis und konnte also kein Geld verdienen. Das hatte zur Folge, dass wir nichts zu essen hatten. Uns blieb nichts anderes übrig, als bei meiner Mutter zu wohnen und von ihrer Rente zu leben. Auch meine Sucht forderte ihren Tribut, und so stahl ich in ihrem Haus alles, was ich verkaufen und gegen Drogen eintauschen konnte. Ich nahm sogar ihren goldenen Ehering und brachte ihn zum Pfandleiher, konnte ihn aber nie mehr auslösen. Es war eine Zeit, in der ich das Gefühl hatte, die Hölle auf Erden zu erleben. Ich versuchte mehrmals, von den Drogen wegzukommen, und dachte sogar an Selbstmord; aber für beides fehlte mir die nötige Willensstärke. Sogar wenn ich durch Diebstahl oder auf anderem Weg zu Geld gekommen war, brachte ich nur einen kleinen Teil nach Hause. Den größten Teil brauchte ich für Drogen.

Der Tiefpunkt

Ein Jahr später mussten meine Frau und mein Sohn Israel verlassen und in die GUS zurückkehren, weil sie keine Aufenthaltsbewilligung mehr bekamen. Bis dahin war ich schon eine lange Zeit arbeitslos gewesen und hatte auf der Straße gelebt. Als ich die beiden zum Flughafen brachte, ging ich auf die Toilette, um mir Drogen zu spritzen. Als ich das erledigt hatte, waren sie schon im Flugzeug. Ich hatte es verpasst, mich von ihnen zu verabschieden. Drei Monate lang hatten wir darauf keinen Kontakt, und meine Frau wusste gar nicht, ob ich überhaupt noch am Leben war.

Als ich auf der Straße lebte, kamen Leute zu mir und boten mir Hilfe an. Einer von ihnen war Pastor Yuri, der Leiter einer messianischen Gemeinde in Nahariya im Norden Israels. Er nahm mich mit zu sich nach Hause, wo ich einige Wochen lang blieb. Dort hörte ich von Jeschua und gab ihm mein Leben. Zwei Wochen später wurde ich in das Rehabilitationsprogramm von Beth Nitzachon aufgenommen. Aber sogar dort brach ich bereits in der ersten Woche alle Regeln. Ich rauchte und verließ unbeaufsichtigt das Gelände, woraufhin man mich aufforderte, das Programm zu verlassen. So fand ich mich auf der Straße wieder.

Durch Gottes Gnade und die Barmherzigkeit der Leitung wurde ich kurz darauf wieder aufgenommen. Doch auch beim zweiten Mal gab ich der Versuchung nach, meine Drogen und die entsprechenden Utensilien einfach zu verstecken. Aber der Heilige Geist sprach während eines Gebetstreffens zu mir, und so führte ich Pastor Dani zu der Stelle auf einem Feld, wo ich die Utensilien vergraben hatte, und buddelte sie wieder aus. Es war ein echter Kampf für mich, alles aufzugeben, was mit meiner Sucht zusammenhing, die ja im Grunde ein Götzendienst war. Auch eine andere Begebenheit blieb mir in Erinnerung: Eric und Dani, die Leiter des Programms, beteten auf ihren Knien für mich, aber ich konnte an nichts anderes als an Drogen denken.

Als ich ins Beth Nitzachon kam, wog ich 46 Kilo. Monatelang litt ich unter schweren Entzugserscheinungen und war sehr krank, aber es wurde dauernd für mich gebetet. Ich hatte Entzündungen und Schmerzen in den Nieren. Einmal musste ich auf die Intensivstation ins Ramban-Krankenhaus in Haifa gebracht werden. Noch in den Wochen, nachdem ich wieder aus dem Krankenhaus entlassen worden war, kroch ich auf allen Vieren ins Badezimmer. Ich war so schwach, dass ich kaum den Wasserhahn aufdrehen konnte, wenn ich ein Bad nahm. Und ohne spezielle Badewannengriffe, die im Beth Nitzachon zum Glück angebracht waren, wäre ich nicht mehr aus der Wanne herausgekommen.

Zu Beginn des Programms konnte ich es kaum ertragen, von Jesus zu hören. Als Jude glaubte ich, dass ich mit diesem Glauben nichts zu tun hätte. Auch nach meiner Bekehrung verstand ich nicht, dass sich mein Leben ändern sollte. Als ich das Beth Nitzachon zum ersten Mal verlassen musste und wieder auf der Straße lebte, führte ich mir das Johannes-Evangelium zu Gemüte. Ich las auch weiter in der Bibel, als ich wieder aufgenommen wurde, aber ich verstand sie im Grunde nicht. Doch mit der Zeit wurde mein Herz weicher, und ich konnte Gottes Wort aufnehmen. Gott offenbarte mir, was ich in meiner Zeit im Beth Nitzachon tun sollte. Ich nahm mit großer Freude alles auf, was Gott mir gab. Ich suchte in dieser Zeit keine Ärzte auf. Bis zum Ende des Programms erfuhr ich Gottes Heilung von all den Krankheiten, die ich bei meinem Leben auf der Straße aufgelesen hatte, sowie von einem Magengeschwür, an dem ich zuvor gelitten hatte. Bevor ich ins Beth Nitzachon kam, hatte mich der Krankenwagen mehr als einmal in eine Klinik bringen müssen, wo man unter anderem Nierensteine feststellte. Nach neun Monaten Programm im Beth Nitzachon war ich von all diesen Beschwerden geheilt.

Hoffnung und Krise

Nach Abschluss des Programms arbeitete ich zwei Monate im Beth Nitzachon mit. In dieser Zeit rief mich Pearl Coleman an, die Leiterin einer christlichen Klinik in England. Sie erzählte mir, dass Gott ihr beim Lesen des Rundbriefes vom Beth Nitzachon gezeigt hatte, dass sie mir zusammen mit anderen Gläubigen helfen sollte. Später kam sie selbst nach Israel, und wir trafen uns in Aschdod. Sie erklärte mir, dass sie 11 000 Schekel für mich gesammelt habe, damit meine Familie wieder zusammengeführt werden könne. Zu der Zeit hatte ich mit meiner Frau in der GUS bereits wieder Kontakt aufgenommen und mehrmals mit ihr telefoniert. Unsere Beziehung begann sich wieder zu bessern. Mit der Unterstützung einer christlichen Hilfsorganisation sollte es so möglich werden, dass meine Frau zurück nach Israel kam. Gott gebrauchte ganz verschiedene Leute, um das Herz meiner Frau zu verändern, so dass sie bereit war, wieder nach Israel zu kommen, obwohl sie hier zuvor keine Aufenthaltsbewilligung erhalten und eine schwierige Zeit erlebt hatte.

Doch leider kam wieder alles anders als erhofft. In der Bibel heißt es: «Gott lässt sich nicht spotten» (Gal. 6,7), und auch: «Darum, wer meint, er stehe, mag zusehen, dass er nicht falle» (1. Kor. 10,12). Kurze Zeit später hatte ich einen Rückfall. Zwar vermied ich dieses Mal aufgrund meiner Herzprobleme Heroin, doch ich nahm Marihuana. Ich bin Gott und der Leitung des Beth Nitzachon dankbar, dass sie mir in dieser schwierigen Zeit geholfen haben. Sie schickten mich für drei Monate nach Jerusalem in ein anderes Programm. Außerdem musste ich unangenehme Gespräche mit meiner Frau führen, weil ich ihr nun erklären musste, warum sie jetzt doch noch nicht zu mir kommen konnte. Doch so schwierig es auch war, es gab keinen anderen Weg, als ihr die Wahrheit zu sagen. Leider führte meine Niederlage dann auch noch zu Konflikten zwischen meiner Frau und ihrer eigenen Familie.

Ich fuhr also nach Jerusalem, doch nach zehn Tagen verließ ich das Programm wieder, weil es mir zu hart schien, und kehrte ins Beth Nitzachon zurück. Ich bin dankbar, dass die Leitung hart blieb und mich nach Jerusalem zurückschickte. Ich erinnerte mich, dass in der Bibel steht: «Mein Sohn, wenn der Herr dich zurechtweist, dann sei nicht entrüstet, sondern nimm es an, denn darin zeigt sich seine Liebe» (Hebr. 12,5-6 nach «Hoffnung für alle»). Obwohl die Zurechtweisung nicht angenehm scheint, bringt sie doch gute Früchte hervor (Hebr. 12,11 nach «Hoffnung für alle»): «Natürlich freut sich niemand darüber, wenn er gestraft wird; denn Strafe tut weh. Aber später zeigt sich, wozu das alles gut war. Wer nämlich auf diese Weise Ausdauer gelernt hat, der tut, was Gott gefällt, und ist von seinem Frieden erfüllt.» Als ich nach Jerusalem zurückkehrte, war es für mich viel leichter als beim ersten Mal. Ich wusste, dass die Leiter des Beth Nitzachon und all meine gläubigen Freunde für mich beten würden. Ich schaffte es, das Programm in Jerusalem durchzustehen und blieb sogar noch eine Woche länger, um für den Leiter und seine Familie von Hand gefertigte Geschenke zu basteln. Danach kehrte ich ins Beth Nitzachon zurück. Die Leiter handelten sehr klug, als sie mir verboten, das Geld, das ich aus England erhalten hatte, auszugeben. Eric Benson, der Leiter der Einrichtung, und andere Mitarbeiter halfen mir, ein neues Leben zu beginnen. Ich verließ das Beth Nitzachon und fand eine sehr gute Arbeitsstelle in einer Kunstgalerie. Nach zwei Wochen fand ich auch eine Wohnung und begann, sie einzurichten, damit meine Frau zu mir kommen konnte. Und ich fing wieder an, mit ihr zu telefonieren.

Endlich wieder zusammen

Nachdem ich meine Frau und meinen Sohn zwei Jahre lang nicht gesehen hatte, konnte ich sie im Jahr 2000 dank der Hilfe des Beth Nitzachon und eines anderen christlichen Hilfswerks am Ben Gurion Flughafen in Tel Aviv endlich wieder in die Arme schließen. Als sie Israel verlassen hatten, war mein Sohn ein Jahr alt gewesen, nun war er drei. Gott führte meine Familie wieder zusammen, die der Satan mir geraubt hatte.

Als meine Frau nach Israel zurückkehrte, war ich ein lebendiges Zeugnis für jemanden, der mit dem Herrn lebt. Vorher hatte sie mich als toten Mann erlebt, der Drogen nahm und seiner Familie und seinen Freunden Probleme machte. Nun lernte sie einen anderen Menschen kennen. Als meine Frau zum ersten Mal mit in die Gemeinde kam, hörte sie im Gottesdienst Gottes Wort und gab wenig später ihr Leben Jesus. Nach einiger Zeit schenkte uns Gott einen weiteren Sohn, Iliya. Wir sind Gott dankbar für seine Barmherzigkeit und Fürsorge.

Gott hat mir eine neue Familie geschenkt. Ich war ein Einzelkind, doch nun hat er mir eine große Familie von Brüdern und Schwestern gegeben, die dem Herrn dienen, nicht nur hier, sondern auf der ganzen Welt. Ich danke Gott für alle Menschen, die zu meiner Rehabilitation beigetragen haben. Ich bin dankbar, dass ich nun im Beth Nitzachon anderen dienen kann. Auch in der Familie meiner Frau ist Gott am Werk. Meine Schwägerin in Aserbeidschan hat ihr Leben Jesus anvertraut.

Vor einem Jahr begann ich eine Behandlung für Hepatitis C. Normalerweise dauert sie zwischen einem halben und einem ganzen Jahr, doch Gott hat mich schon nach zwei Monaten geheilt. Alle Tests zeigen, dass ich von dieser Krankheit geheilt bin. Mein Leben ist ein Zeugnis für alle, die mich vor dem Entzug gekannt haben, und auch für die, die jetzt ins Rehabilitationsprogramm einsteigen.

Es beeindruckt mich, wie wichtig es ist, Gott zu gehorchen. Hätte David Davis nicht auf Gottes Stimme gehört und das Beth Nitzachon gegründet, wäre ich wahrscheinlich nicht mehr am Leben und sicher nicht mit meiner Familie zusammen. Es ist mein Wunsch, an dem Platz zu sein, an dem Gott mich haben möchte. Wie Jesaja sagte: «Hier bin ich, sende mich!» (Jes. 6,8).

Gregorys Geschichte aus der Perspektive von Eric Benson, Leiter des Beth Nitzachon

Gregory kam in einer sehr bewegten Zeit zu uns. Damals, im September 1998, fand gerade die Einweihung des neuen Gebäudes der Karmel-Gemeinde statt. David Wilkerson war als Gastredner zum Einweihungsgottesdienst eingeladen worden. Neben Hunderten von Besuchern gingen auch wir mit den Teilnehmern unseres Programms hin. In dem Menschengewimmel geschah es dann, dass wir Gregory aus den Augen verloren. Als alle vom Beth Nitzachon wieder nach Hause kamen, war er unauffindbar. Später tauchte er dann wieder auf und erzählte uns, dass er den Bus verpasst habe. Wir versuchten, Gnade walten zu lassen, und gaben ihm nur eine leichte Verwarnung. Doch bereits zwei Tage später war Gregory wieder verschwunden. Als er zurückkam, verwarnten wir ihn ernsthaft und erklärten ihm, dass er das Programm verlassen müsse, wenn es noch einmal vorkommen sollte. Drei oder vier Tage später passierte es wieder. Als er zurückkam, baten wir ihn, seine Sachen zu packen und zu gehen. Er konnte es kaum glauben, dass wir Ernst machten und ihn tatsächlich vor die Tür setzten.

Als er zwei Tage später wieder bei uns anklopfte, führte ich mit ihm ein ernstes Gespräch. Er bat darum, zurückkommen zu dürfen, aber ich schlug ihm die Bitte ab. Doch als wir so nebeneinander standen, begann er plötzlich zu weinen. Er legte seinen Kopf auf meine Schulter und flehte mich an, zurückkommen zu dürfen. Ich war sehr bewegt und empfand Mitleid mit ihm. Ich legte meinen Arm um ihn und sagte: «Komm zurück in unser Programm, Gregory.»

In den folgenden Monaten konnten wir mit ansehen, wie Gregory sich Stück für Stück veränderte. Er wurde zum Sonnenschein unseres Hauses. Er war freundlich, hilfsbereit und bei allen beliebt. Wenn neue Männer in unser Programm kamen, war Gregory der Erste, der ihnen half.

Ein großer Schritt

An einem Montagabend bat Gregory Pastor Dani Sayag während einer Gebetsstunde, mit ihm das Gelände des Beth Nitzachon zu verlassen. Dani hatte keine Ahnung, wozu dies gut sein sollte, doch Gregory bat ihn inständig darum. Also ging er mit. Gregory führte ihn auf ein Feld. Dort näherte er sich einem hohen Gebüsch, räumte ein paar Steine beiseite und holte eine kleine Schachtel hervor. Vor Danis Augen öffnete er sie und förderte ihren Inhalt zutage: Nadeln, Spritzen und andere für den Drogenkonsum nötige Utensilien. Gregory bat Dani: «Bitte zerstöre dieses Zeug. Ich will frei sein von der Macht des Heroins.» Gregory traf in dieser Nacht die wichtige Entscheidung, sich von diesem Hintertürchen zu seinem alten Leben zu trennen. In der darauf folgenden Zeit wuchs Gregory geistlich, und es kam eine neue Freude in sein Leben.

Für Gregory war die Rückkehr seiner Frau und seines Sohnes nach Israel ein großes Gebetsanliegen. Wir begannen mit ihm zu beten, dass Gott auf wunderbare Weise für die nötigen Finanzen sorgen würde. Eines Abends besuchte uns ein Mitarbeiter eines christlichen Hilfswerks, das Juden aus der früheren Sowjetunion hilft, nach Israel auszuwandern. Ich erkundigte mich nach den Möglichkeiten, wie diese Organisation Gregorys Familie dabei unterstützen könnte, nach Israel zurückzukommen. Das Hilfswerk sagte seine Hilfe gerne zu, und so begannen die Vorbereitungen für die lange Reise von Birobijan im fernen Osten der GUS nach Israel.

Rückfall

Gregory war kurz davor, das Programm im Beth Nitzachon abzuschließen, und wir waren schon dabei, Pläne für die Zeit zu schmieden, wenn seine Frau nach Israel kommen würde, als Gregory plötzlich für drei Tage verschwand. Niemand wusste, wo er war. Als er wieder auftauchte, baten wir ihn zu einem Gespräch ins Büro und fragten, wo er gewesen sei. Schließlich gestand er, dass er wieder Marihuana genommen hatte. Dies gab uns Anlass dazu, alle Vorbereitungen für die Rückkehr seiner Familie zu unterbrechen. Wir wollten Gregorys Frau nicht zurück nach Israel bringen, bevor Gregory geistlich wiederhergestellt war. So schickten wir ihn nach Jerusalem, um an einem sehr strengen Rehabilitationsprogramm teilzunehmen. Gregory empfand seinen Aufenthalt dort wie eine Zeit beim Militär. Doch als er nach drei Monaten zurückkam, war es unübersehbar, dass der Zerbruch, den er durchgemacht hatte, bei ihm einen neuen Hunger nach Gott bewirkt hatte.

Danach blieb Gregory noch ein paar Wochen im Beth Nitzachon. Anschließend mietete er sich eine Wohnung, und wir begannen wieder mit den Vorbereitungen für die Rückkehr seiner Familie. Es war ein wunderbarer Tag, als einer unserer Mitarbeiter, Brandon Whatley, Gregory zum Flughafen fuhr und Zeuge der Familienzusammenführung sein durfte. Es war ein berührender Moment, denn es war offensichtlich, dass Gregory ein neuer Mensch in Christus war. Plötzlich begann sich zu zeigen, dass er nicht nur von der Drogensucht befreit war, sondern auch sein Charakter einen Wandel vollzogen hatte. Seine Ehe und sein Familienleben fingen an, regelrecht aufzublühen. Während er für seine Familie ein Zuhause aufbaute und dafür arbeitete, vergaß er nicht, uns oft im Beth Nitzachon zu besuchen.

Unser Glaubensschritt

Eines Tages beschlossen wir, ihn zu bitten, sich um ein paar Programmteilnehmer im Beth Nitzachon zu kümmern und ihnen aus seinem Leben zu erzählen. Mit der Zeit wurde uns klar, dass wir Gregory regelmäßig einsetzen und ihn als Mitarbeiter in unserer Arbeit haben wollten. Gott sprach durch Apostelgeschichte 6,3 zu uns. Dort wird berichtet, dass die Apostel Helfer benötigten, um Nahrungsmittel zu verteilen, und deswegen die Jünger anwiesen, Männer auszuwählen, «die voll heiligen Geistes und Weisheit sind». Wir sahen, dass Gregory auf dem besten Weg war, ein vom Heiligen Geist erfüllter Mann des Glaubens zu werden. Wir entschieden uns, Gregory als Mitarbeiter einzustellen.

Heute sind wir Gott dankbar für Gregory. Die Männer in unserem Programm respektieren ihn und haben ihn sehr gern, weil er ein Mann ist, der auf sie zugeht und ihnen wirklich helfen will. Er ist ihr «Paraklet», ihr Beistand. Eine stattliche Anzahl von Männern wurde durch Gregorys Zeugnis und sein neues Leben ermutigt und inspiriert. Da wir im Beth Nitzachon allerdings in letzter Zeit einen Spendenrückgang zu verzeichnen hatten, musste sich Gregory wieder eine Arbeitsstelle suchen, um den Lebensunterhalt für sich und seine Familie zu verdienen.

Vor einiger Zeit wurde Gregory wegen Hepatitis C, die seine Leber infizierte und seine Gesundheit schwächte, ärztlich behandelt. Wir loben Gott, dass er dank dieser Therapie und des Gebets wunderbar geheilt wurde. Und wir preisen ihn auch dafür, dass Gregory Teil der Frucht des Beth Nitzachon ist. Wenn neue Männer zu uns kommen, gibt ihnen Gregorys Zeugnis Hoffnung. Genauso wie es bei Gregory war, der aus einem Leben der Drogensucht herauskam und jetzt Jesus nachfolgt, kann es auch bei ihnen sein. Gregory kann den Männern sagen: «Folgt meinem Beispiel, wie ich dem Beispiel Christi!» (1. Kor. 11,1).

Nawal und Anis Barhoum

Das Gefängnis bei Netanya

Ein Treffen der King's Kids

Das House of Light in Schefar-Am

Anis Barhoum

Vom Alkoholiker zum Friedensstifter

Anis und Nawal Barhoum, beides arabische Christen, leiten das «House of Light» (Haus des Lichts) in Schefar-Am. Des Weiteren engagieren sie sich stark im Bereich der Gefängnisarbeit, kümmern sich um Familien sowie um Suchtkranke, machen Kinderarbeit und sind verantwortlich für die örtlichen «King's Kids», ein arabisch-israelisches Chorprojekt, das zur Versöhnung beider Seiten beiträgt.

Nawals Kindheit

Meine Frau Nawal stammt aus einer Flüchtlingsfamilie. Ihr Vater und seine Familie wurden 1948 aus ihrem Zuhause in Beth Schean in Galiläa vertrieben. Von da an lebten sie als Flüchtlinge in Nazareth. Ihr Großvater war ein Evangelist, der seinen Kindern und Enkeln einschärfte, wie sehr Jesus wollte, dass man seinen Feinden vergab. Er betonte, auch sie als Familie sollten denen vergeben, die ihnen ihr Land und Haus weggenommen hatten. Jesus hatte es zugelassen, daher sollten sie es akzeptieren. Nawals Vater litt trotzdem sehr darunter, dass sie alles verloren hatten.

Da Nawal in einer gläubigen Familie aufwuchs, besuchte sie die Schule der Baptistengemeinde, wo die Schüler jeden Tag eine Andacht hörten. Einmal im Monat kamen verschiedene Pastoren als Gastredner, die das Evangelium klar predigten und stets die Schüler dazu aufriefen, ihr Leben Jesus anzuvertrauen. Und genau nach solch einer Predigt entschied sich Nawal ganz bewusst für ein Leben mit Jesus. So begann sie ihren Weg mit ihrem Herrn, doch dieser hatte nicht nur Höhen, sondern auch Tiefen. Einerseits lebte sie mit Jesus, andererseits lebte sie ihr eigenes Leben ohne ihn. Wenn sie heute über diese Phase spricht, bezeichnet Nawal sie mit den Worten: «Ich ‹hinkte› auf beiden Seiten.» Sie hatte es aber auch nicht leicht als älteste Tochter. Sie war erst 13 Jahre alt, als ihr Vater starb.

Schwierige erste Ehejahre

Nachdem Nawal und ich geheiratet hatten, wurden wir seitens meiner Familie nach und nach mit immer mehr Problemen konfrontiert. Mein Vater hatte jedem seiner Kinder ein Stück Land geschenkt. Als wir auf unserem Grundstück bauen wollten, erhob plötzlich einer von meinen Brüdern Anspruch auf dieses Gelände. Es entstand eine notvolle Situation, unter der wir als junges Ehepaar sehr litten. Als Nawal bewusst wurde, dass es Gottes Wille für uns war, das Land loszulassen, versuchte sie, mit Gott zu handeln. Wenn er uns helfen würde, ein neues Grundstück zu finden, auf dem wir ein Haus bauen konnten, sollte ihm dieses neue Haus gehören.

Ich, für meinen Teil, dachte, meine Probleme selbst lösen zu können. Ich wollte um mein Recht kämpfen. Nawal ihrerseits begann zu beten und sagte zu mir: «Anis, wir müssen dieses Grundstück loslassen.» Aber ich verstand nicht, dass Gott dies auf Nawals Herz gelegt hatte, und erwiderte: «Nein, ich kann dieses Land nicht loslassen.» Für mich war das nicht so einfach. Schließlich hatte ich dieses Land von meiner Familie bekommen, warum sollte ich es nun wieder weggeben? Langsam begann ich, mich immer mehr dem Alkohol zuzuwenden, um die Probleme zu vergessen. Doch ich geriet dadurch nur noch mehr in Schwierigkeiten. In dieser Zeit begannen wir, mit unseren Kindern regelmäßig am Wochenende Ausflüge nach Tiberias zu machen, einfach um nicht zuhause sein zu müssen. Da ich sechs Tage in der Woche arbeiten musste, wollte ich wenigstens meinen freien Tag weit weg von allen Problemen und der restlichen Familie verbringen.

Gottesdienste

Nach unseren Ausflügen besuchten wir manchmal auf dem Heimweg Nawals Tante in Dovrat. Ihr Mann war Pastor einer Baptistengemeinde. Ich schämte mich, mit in die Gemeinde zu gehen, denn ich konnte meinen Alkoholgeruch nicht verbergen. Wie konnte ich so ein Gotteshaus betreten? Doch Nawals Tante und deren Mann ermutigten mich, auch am Gottesdienst teilzunehmen. Für mich war das alles neu, denn als Kind hatte ich nur lateinische Gottesdienste erlebt. Damals verstand ich nicht, dass Jesus das Leben verändern kann. Für mich war es äußerst erstaunlich, dass die Menschen uns in dieser Gemeinde so annahmen, wie wir waren, selbst wenn ich mit einer Alkoholfahne in den Gottesdienst kam. Gott redete zu mir, aber mein Herz war noch hart, so dass er nicht durchdrang.

Fünf Jahre nach unserer Heirat wurde Nawal bewusst, dass sie niemanden hatte außer ihrem Herrn. Sie erkannte auch, dass sie ihr Leben Jesus ganz weihen musste, damit er etwas verändern konnte.

Das neue Haus

Nach zehn Jahren Ehe beschlossen wir, umzuziehen und in Nazareth eine Wohnung zu kaufen. Da wir eigentlich kein Geld dazu hatten, wollten wir dafür einen Kredit aufnehmen. Eines Tages traf ich mich mit einem Mann, der mich, als ich auf den geplanten Wohnungskauf zu sprechen kam, direkt fragte: «Anis, warum willst du eine Wohnung kaufen, wenn du ein Grundstück in deiner Stadt kaufen kannst?» Ich antwortete: «Ich habe kein Grundstück, und ich weiß auch von keinem, das zu verkaufen wäre.» Worauf dieser Mann erwiderte: «Ich habe ein Baugelände. Du bist ein guter Mann. Ich verkaufe es dir.»

Mit dieser Nachricht kehrte ich nach Hause zurück und verkündete: «Wir kaufen ein Stück Land und werden bauen.» Nawal, die sich schon auf einen Umzug eingestellt hatte, nahm diese Neuigkeit vorerst nicht mit großem Wohlwollen auf. Sie hatte sich vorgestellt, dass wir unsere Stadt schnell verlassen und in Nazareth leben würden. Trotzdem akzeptierte sie meine Entscheidung. Später sollte sich herausstellen, dass uns der Herr so geführt hatte. Gott hat manchmal andere Pläne als wir. Oft verstehen wir seine Wege nicht im Voraus, sondern erst, wenn sie hinter uns liegen. Ich ging also zur Bank, um einen Kredit zu beantragen. Nawals Cousine, die in der Bank arbeitete, sagte: «Hier hast du erst einmal 3000 Lira [alte Währung in Israel]. Komm in ein paar Tagen wieder.» Auf diese Weise konnten wir dem Eigentümer des Grundstücks eine Anzahlung leisten. Zwei Tage später ging ich wieder zur Bank, und Nawals Cousine sagte zu mir:

«Weißt du noch, dass du, als du in der Fabrik Überstunden gearbeitet hast, die Überstundenvergütung bei mir eingezahlt hast? Ich habe es damals für dich angelegt. Jetzt sind es 90 000 Lira.» Das war genau der Betrag, der nötig war, um das Stück Land, die Steuern und die Überschreibung auf unseren Namen zu bezahlen. Wir hatten gar nicht mit diesem Geld gerechnet!

Mein Bruder konnte es nicht glauben, als ich ihm alles erzählte, und sagte nur: «Du bist doch betrunken. Geh nach Hause.» Er konnte nicht glauben, dass wir ein Stück Land gekauft hatten. Zwei Wochen später fielen die Aktienkurse, und viele Anleger verloren ihr Geld. Wir wussten, dass es ein Wunder Gottes war, dass wir unser Geld noch vorher für den Landkauf hatten einsetzen können. Alles, was wir tun mussten, war, zur Bank zu gehen und ein Darlehen für den Hausbau aufzunehmen. Nun war es so weit, und in den darauffolgenden fünf Jahren bauten wir Stück für Stück an unserem neuen Haus.

Der Gute-Nachricht-Club

Im neuen Haus begann Nawal zusammen mit Mitarbeitern der «Kinder-Evangelisations-Bewegung» (KEB) mit einer Kinderstunde, dem so genannten «Gute-Nachricht-Club». Ich war dagegen. Nawal entgegnete mir aber, sie habe Gott versprochen, dass, wenn wir ein eigenes Haus haben, es ihm dienen soll. Die Kinderstunde fand am Freitagnachmittag statt, und so begann ich, an dem Tag regelmäßig länger zu arbeiten. Eines Freitags kam ich um 16 Uhr nach Hause. Normalerweise begann der Club um 14 Uhr, und um 16 Uhr waren dann bereits alle gegangen. Doch ausgerechnet an dem Tag hatte der Kinderstundenleiter Schwierigkeiten mit seinem Auto gehabt, so dass die Kinderstunde später angefangen hatte als sonst – und natürlich auch später zu Ende war. Ich kam zur Tür herein, und mein Blick fiel geradewegs auf die Kinder. Als ich sie sah, war ich so gerührt, dass ich zu weinen begann. Ich hörte, wie eine innere Stimme zu mir sagte: «Anis, nimm mich an. Was machst du nur mit deinem Leben?» An dem Tag sagte ich zu Nawal: «Mach ruhig weiter mit deinem Gute-Nachricht-Club!» Am nächsten Tag nahm ich alles Holz, das ich eigentlich gekauft hatte, um damit eine Bar zu bauen, und zimmerte daraus stattdessen Bänke für die Kinder. Ich gab Jesus mein ganzes Leben und begann, nach seinem Willen zu leben.

Der Auftrag

Während Nawal 27 Jahre lang als Lehrerin tätig war, arbeitete ich in einer Fabrik. Ich hatte dort als Arbeiter begonnen, doch nach einiger Zeit bekam ich eine Stelle als Vorarbeiter in einer jüdischen Fabrik. Das war sehr außergewöhnlich, denn erstens war ich nicht in der Armee gewesen und zweitens bin ich Araber. Ich erlebte, wie mich der Herr in dieser Fabrik segnete.

Eines Abends im November, ich saß gerade am Kamin und betete, sprach der Herr zu mir durch zwei Verse aus 1. Johannes 3,17-18: «Denn wie kann Gottes Liebe in einem Menschen bleiben, dem die Not seines Bruders oder seiner Schwester gleichgültig ist, obwohl er selbst alles im Überfluss besitzt? Deshalb, meine Kinder, lasst uns einander lieben: nicht mit leeren Worten, sondern mit tatkräftiger Liebe und in aller Aufrichtigkeit» (nach «Hoffnung für alle»). Das gab mir den Anstoß dazu, Menschen in unserer Stadt anzusprechen und sie zu fragen, ob sie sich mit Spenden an einem Hilfsfonds für Bedürftige beteiligen würden.

Drei Monate später kam ein Mann zu mir und sagte: «Mein Bruder ist drogenabhängig. Er hat mich gebeten, dich zu holen. Er möchte, dass du mit ihm betest.» Er war der erste Drogenabhängige in unserer Stadt und war so stark süchtig, dass er nun im Krankenhaus lag und ihm eine Beinamputation bevorstand. Man gab ihm nicht mehr lange zu leben. Ich war überrascht: «Mich? Du fragst mich? Warum? Du musst dich geirrt haben.» Doch der Mann ließ sich nicht beirren: «Nein, er hat nach Anis Barhoum verlangt. Er will, dass du kommst.» Ich brauchte drei Tage, um mich zu entscheiden, ob ich hingehen sollte. Doch dann tat ich es. Der Mann sagte: «Warum kommst du so spät? Seit drei Tagen warte ich nun auf dich. Ich will, dass du für mich betest.» Ich antwortete: «Woher kennst du mich?» «Ich weiß, dass du ein gutes Herz hast und den Leuten hilfst.» Wir begannen zu beten. Ich sagte: «Herr, lass ein Wunder geschehen und gib, dass dieser Mann hier wieder gesund wird. Er ist schon 25 Tage im Krankenhaus, und er wird bald sterben.» Und Gott schenkte ein Wunder.

Das Bein musste doch nicht amputiert werden. Als der Mann aus dem Krankenhaus entlassen wurde, suchte er mich auf und sagte: «Anis, du hast mir versprochen, mich nicht im Stich zu lassen. Bitte hilf mir jetzt.» Ich sicherte ihm meine Hilfe zu.

Wir begleiteten diesen Mann ein Jahr und acht Monate lang. Als er das erste Mal in unserem Haus war, fragte er mich: «Schämst du dich nicht, mich in dein Haus einzuladen?» «Nein», antwortete ich ihm, «Jesus freut sich über dich, und er möchte, dass wir zusammen beten.» Es war erstaunlich zu sehen, wie dieser Mann niederkniete und für die anderen Drogenabhängigen betete. In dem Jahr, in dem dieser Mann zu uns kam, begannen wir, in unserem Haus auch für Erwachsene regelmäßige Treffen abzuhalten.

Der Herr schickte auch einen drogenabhängigen 15-jährigen Jungen aus muslimischem Hintergrund zu uns. Eben weil er Muslim war, traute ich mich nicht, ihm von Jesus zu erzählen, doch wir beteten zuhause für ihn. Der Herr half diesem Jungen aus den Drogen heraus. Inzwischen ist er verheiratet und hat Erfolg im Leben. Das ermutigte auch andere, zu uns zu kommen und uns zu fragen, ob wir ihren drogensüchtigen Kindern oder Geschwistern helfen könnten.

So fing der Herr unseren Dienst an, ohne dass wir es merkten. Viele Leute kamen zu uns, und immer wieder mussten wir den Herrn fragen, wie wir helfen konnten. Einige von ihnen lebten mit dem Herrn, andere lebten einfach ohne ihn, auch wenn sie wussten, dass Gott sie geheilt hatte. Einige waren zuvor Muslime und gaben ihr Leben Jesus. Doch das brachte dann meistens Probleme mit ihren Familien mit sich, und so mussten wir ihnen zur Seite stehen.

Als immer mehr Leute zu uns kamen, reichte mit der Zeit der Platz in unserem Wohnzimmer nicht mehr aus, so dass wir in das untere Stockwerk auswichen. Wir richteten dort einen Raum provisorisch her und dichteten ihn mit Plastikfolie ab.

Mein Dienst entwickelte sich weiter. Ich fing an, Leute, die ich kannte, privat im Gefängnis zu besuchen und Familienangehörige von Inhaftierten mit dem Auto dorthin mitzunehmen. In dieser Zeit wurde mir bewusst, dass es sehr einfach ist, Jesus anzunehmen, jedoch schwerer, ihn auch Mittelpunkt des Lebens sein zu lassen.

Juden und Araber

Als Familie besuchten wir einige Zeit die messianische Gemeinde Pniel in Tiberias, deren Versammlungen damals noch im Wald stattfanden. Jeden Schabbat mussten wir uns an einem neuen Ort treffen. Wir kannten dort einige Gläubige und waren drei oder vier Jahre dabei. Durch gegenseitige Einladungen wuchsen Freundschaften zwischen uns. Ich fing auch an, zusammen mit den jüdischen Geschwistern Konferenzen zu besuchen. Wir sind eins in Christus. Wir brauchen einander, um gemeinsam wachsen zu können. Ich begann zu verstehen, dass die Juden auch Licht für die Nichtjuden sein müssen. Doch allmählich wurden unsere Kontakte wieder loser, da wir so beschäftigt waren mit unserer Arbeit und am Samstag nicht mehr in die Gemeinde gehen konnten. Bis eines Tages etwas Außergewöhnliches geschah.

Nach dem Massaker von Dschenin trafen sich die messianischen Leiter im Negev. Nach diesem Treffen veröffentlichten sie in der Zeitung eine Deklaration zur Unterstützung der aktiven Politik Israels. Sie wollten damit zeigen, dass sie hinter ihrem Land standen. Doch dieses Inserat verletzte die arabischen Geschwister. Ich begann, Pastor um Pastor aufzusuchen und ihnen zu erklären, was diese Deklaration in den Herzen der arabischen Gläubigen auslöste. Einige sagten, dass sie nicht daran gedacht hatten, dass uns dies verletzen könnte. Sie dachten, wir alle würden hinter Israel stehen, da Gott dieses Land den Juden versprochen hatte. Ich musste ihnen erklären, dass wir Araber sind und arabisches Blut in unseren Adern fließt. Wir wollen nicht, dass unser Volk leiden muss, wie wir auch nicht wollen, dass Juden zu leiden haben.

Nach und nach entstand eine neue Beziehung zwischen uns arabischen Christen und den messianischen Juden. Einige arabische Pastoren besuchten nun messianische Pastoren. Diese schwierige Situation brachte uns zusammen, und es entstand etwas Neues dabei. Es war wie in der Geschichte von Simson. Als er den Löwen tötete, nistete sich ein Bienenvolk ein, und aus der Verletzung entstand etwas Neues, Süßes. Als nach einiger Zeit die messianisch-jüdische Konferenz «Zu Jesu Füßen sitzen» stattfand, wurde ich als erster arabischer Christ dazu eingeladen. Heute gehöre ich zum Vorstand dieser Initiative. Wir arbeiten zusammen für die Ehre unseres Herrn.

Unsere jungen Frauen

Wir hatten auch eine Zeit, in der Gott junge Frauen zu uns schickte, die mit uns zusammenlebten. Wir hatten drei Schlafzimmer, eines für uns, eines für unseren Sohn und eines für unsere beiden Töchter. Doch eines Tages kam ein Pastor mit einem Anliegen zu uns: «Ich kenne eine junge Frau, die von ihren Eltern ausgestoßen wurde, weil sie eine Beziehung mit einem muslimischen Burschen hatte. Sie würden ihre Tochter am liebsten umbringen, deshalb möchte ich nicht, dass sie ihren Aufenthaltsort kennen.» Der Herr sagte uns, dass wir sie aufnehmen sollten. Wir brachten sie bei unseren zwei Töchtern im Zimmer unter.

Einige Zeit später kam eine Sozialarbeiterin und fragte uns: «Könnt ihr uns mit einer anderen jungen Frau helfen? Sie fügt sich nicht ein, und wir haben Schwierigkeiten mit ihr. Doch wenn wir sie zu ihren Eltern zurückbringen, werden sie sie umbringen.» So nahmen wir auch sie auf. Aus diesen ersten beiden jungen Frauen wurden über die Jahre insgesamt rund 20. Einige von ihnen waren Muslime. Der Herr half uns, ihnen einen Arbeits- oder Studienplatz zu vermitteln. Einige haben sogar in diesem Haus geheiratet. Mit der Aufnahme dieser Frauen erlebten wir Freud und Leid: Die einen bereiteten uns sehr viel Freude, andere wiederum machten uns Sorgen, weil sie von einem Problem zum nächsten rannten.

Die Liebe

Mit den Drogensüchtigen, die in unser Haus kommen, fahre ich jeweils einige Tage weg, bis sie den Entzug durchgestanden haben. Der Bruder eines Drogenabhängigen, der meine Methode kannte, stellte diese in Frage: «Ich kann nicht verstehen, wie du mit meinem Bruder in einem Raum zusammen schlafen kannst. Er ist sehr gefährlich. Er hat schon ein paar Leute umgebracht.» Meine Antwort war schlicht: «Es war nicht meine Entscheidung, das hier zu tun. Jesus will, dass ich es mache.» Übrigens war er selbst viel gefährlicher. Auch er kam später in unser Haus und hörte vom Herrn.

Ein anderer drogenabhängiger Mann lebte bei seinen Großeltern, da seine Eltern geschieden waren. Eines Tages standen die Großeltern vor unserer Tür und sagten: «Wir geben Ihnen 2000 Dollar, wenn Sie unserem Enkel helfen.» Wir antworteten ihnen: «Jesus hat gesagt: ‹Umsonst habt ihr's empfangen, umsonst gebt es auch›» (Mt. 10,8).

Der Mann war einen Monat lang bei uns. Er ließ die Drogen sein, weil er bei uns Liebe erfuhr. Als wir einen Monat später die Großeltern des jungen Mannes besuchten, dankten wir gemeinsam Gott. Sie weinten und fragten: «Wie macht ihr das nur? Mehrere Krankenhausaufenthalte konnten nicht bewirken, was ihr geschafft habt.» Wir antworteten: «Weder wir noch ihr können Menschen verändern – das kann nur die Liebe Gottes.»

Der Herr hat unser Haus ausgewählt, um Leute zu heilen. Viele Menschen erfahren keine Liebe in ihrem Leben. Wir haben die Aufgabe, gerade auf solche Menschen zuzugehen und ihnen zu helfen.

Haus des Lichts

Wir wollen für Juden und Araber ein Licht sein, deshalb heißt unser Haus auch: «House of Light» (Haus des Lichts). Jesus sagte in der Bergpredigt (Mt. 5,14.16 nach «Hoffnung für alle»): «Ihr seid das Licht, das die Welt erhellt. ... Genauso soll euer Licht vor allen Menschen leuchten. Sie werden eure guten Taten sehen und euren Vater im Himmel loben.» Heute treffen sich an diesem Ort auch die King's Kids und die Jüngerschaftsschule Lech Lecha. Wir wollen jugendliche Araber und Juden ermutigen, Licht zu sein und zusammenzuwachsen. Auch nehmen wir ab und zu an Freizeiten von Musalaha (einer Organisation, die zur Versöhnung arabischer Christen und messianischer Juden beiträgt) teil. Unser Verhalten untereinander muss von der Liebe Gottes bestimmt sein, dann kann etwas Neues entstehen. Wenn wir ehemalige Teilnehmer treffen, freuen wir uns immer, umarmen uns und beten füreinander. Obwohl wir als Araber und Juden in einem Land zusammenleben, haben wir vollkommen verschiedene Kulturen und Traditionen, und nicht selten bestehen zwischen uns tiefe Gräben. Doch die Liebe Gottes kann auch sie überwinden.

Friedensstifter im Gefängnis

Unser Dienst im Gefängnis ist nicht immer einfach. Während unserer Besuche dort verteilen wir üblicherweise unsere Karte mit unserer

Telefonnummer an die Inhaftierten. So kommt es vor, dass wir Anrufe aus dem Gefängnis erhalten. Einige stellen Fragen oder wollen Hilfe vom Herrn, andere wiederum haben einfache menschliche Bedürfnisse. Es ist ermutigend, wenn wir erleben, wie manche von ihnen Gott um Vergebung bitten und ein neues Leben beginnen. Leider sind wir momentan die einzigen evangelischen Seelsorger, die die Genehmigung haben, die 16 Gefängnisse zu besuchen, die wir gegenwärtig betreuen. Wir brauchen unbedingt weitere Mitarbeiter. Doch das ist nicht einfach. Sobald ein messianischer Jude eine Bewilligung als Gefängnisseelsorger beantragt, wird das Gesuch vom zuständigen Gefängnisrabbi, der für die geistlichen Belange aller Gefangenen verantwortlich ist, abgelehnt. Nawal und ich halten es so, dass wir den Gefangenen zu Ostern und Weihnachten regelmäßig ein kleines Geschenk bringen.

Da in Israel die Angehörigen der Gefängnisinsassen für deren leibliche Bedürfnisse mitsorgen müssen, sind inhaftierte Gastarbeiter und illegale Einwanderer darauf angewiesen, dass wir ihnen z.B. Unterwäsche bringen. Ein weiterer Aufgabenbereich der Gefängnisarbeit ist die Unterstützung der Familien der Inhaftierten, etwa finanzieller Art zur Begleichung der Wasser- und Stromrechnungen oder zur Gewährleistung einer Zukunft für die Kinder.

In letzter Zeit erreichen uns immer wieder Anrufe von Gefängnisinsassen, die kurz vor ihrer Entlassung stehen. Was ihnen große Sorgen bereitet, ist, dass sie nicht wissen, wo sie nach ihrer Haft hingehen sollen. Viele von ihnen haben sich Gott zugewendet und Jesus als ihren Herrn angenommen. Ihre Fragen zeigen uns, dass ein Bedarf für ein Zentrum zur Wiedereingliederung von Gefängnisinsassen in die Gesellschaft besteht, wo sie in ihrem Glauben, im Hinblick auf den Arbeitsmarkt und das praktische Leben geschult werden. Leider gibt es im Moment keinen solchen Ort, wo sie nach ihrer Entlassung hingehen können. Denn leider werden die Entlassenen nur sehr selten von ihren Familien wieder aufgenommen. Diese Tatsache führt sie oft zurück in ihr altes Leben, das von Drogen, Kriminalität und Verzweiflung gekennzeichnet ist. Wir haben zwar bereits ein Stück Land für ein solches Projekt, doch bis jetzt fehlen die Mittel und die Bewilligung, darauf ein Zentrum, wie es uns vorschwebt, zu errichten.

Einmal besuchten wir im Rahmen eines Gefängniseinsatzes an Weihnachten über 400 Gefangene in 14 Gefängnissen. Zusammen mit Gläubigen aus verschiedenen Gemeinden veranstalteten wir jeweils einen Gottesdienst. Wir sangen Lobpreislieder in acht verschiedenen Sprachen und verteilten über 400 Geschenke. In einem Gefängnis kamen 15 Insassen zu unserem Lobpreisgottesdienst. Wir konnten sehen, dass Gott unter den Zuhörern wirkte, und waren berührt von der Hingabe, mit der diese Männer sangen und klatschten. Sieben übergaben ihr Leben Jesus. Ein Mann fiel uns auf, da er überhaupt nicht auf den Lobpreis zu reagieren schien. Doch ich sah ihm an, dass er innerlich einen Kampf ausstand. Als der Mann dann den Raum verließ, folgte ich ihm, legte meinen Arm um ihn und drückte ihn. Daraufhin begann der junge Gefangene zu weinen. Er erzählte mir seine Geschichte. Wir beteten miteinander, der Mann bekannte Gott seine Sünden, bat um Vergebung und nahm Jesus in sein Herz auf. Jetzt hat er Jesu Licht in seinem Herzen!

Im Frauengefängnis

Ausländische Frauen, die oft Strafen wegen illegalen Aufenthalts verbüßen müssen, sind in der Regel im Frauengefängnis von Hadera inhaftiert. Da wir nie zuvor die Möglichkeit gehabt hatten, diese Frauen zu besuchen, war die Einladung des dortigen jüdischen Direktors eine positive Überraschung für uns. Einer seiner Angestellten hatte ihm von der Freude und dem Frieden erzählt, den unsere Besuche in anderen Gefängnissen hinterlassen hatten. Während unseres Einsatzes dort nahmen über 70 Frauen an unserem Lobpreistreffen teil, das in verschiedenen Abschnitten nacheinander in jeweils einer anderen Sprache abgehalten wurde. Die äthiopische Gruppe war dabei besonders leidenschaftlich und zog die Aufmerksamkeit auf sich, so dass noch zusätzliche Neugierige in die darauffolgende Sprachgruppe kamen. Nach unserer Veranstaltung lud uns der Leiter des Gefängnisses zu einem Essen ein, das er extra hatte vorbereiten lassen und das wir gemeinsam mit den Frauen des Gefängnisses einnahmen. Wir waren sehr beeindruckt von seiner Freundlichkeit, und als wir uns dann verabschiedeten, lud er mich ein, wieder zu kommen.

Gott redet

Als ich nach einer längeren Pause meine Besuche in den Gefängnissen wieder aufnehmen konnte, hatte ich ein sehr ermutigendes Erlebnis. Der Gefängnisinsasse K., ein Geschäftsmann mit Frau und Kindern, rief mich an. Er erzählte, Gott habe in den vergangenen Wochen, in denen ich ihn nicht besucht hatte, mehr zu ihm geredet als in den sieben Monaten zuvor, als er unsere Gefängnis-Gottesdienste besucht und das Evangelium gehört hatte. Getroffen vom Heiligen Geist sei er unter Tränen auf die Knie gegangen und habe Gott um Vergebung und Heilung gebeten. «Ich habe die Gnade meines Vaters im Himmel erfahren, seine Liebe und Vergebung. Ich habe ihm mein Leben gegeben und weiß nun, dass er mein Retter ist», erzählte er mir am Telefon. Wir können nur noch staunen und Gott für seine Barmherzigkeit loben.

Echte Geschwisterliebe

Heißt Versöhnung, den anderen einfach zu tolerieren, oder bedeutet Versöhnung mehr? Ich hatte kürzlich eine Begegnung, die mich im Hinblick auf dieses Thema sehr nachdenklich gemacht hat. Nun bin ich ja arabischer Christ und habe viele Freunde, die auch gläubig sind, aber aus einem jüdischen Hintergrund kommen. Ein solcher Freund, ein messianischer Jude im Alter meines Sohnes (etwas über 30 Jahre alt), hatte meine Frau und mich zu seiner Familie eingeladen, um mit ihnen Rosch HaSchana, das jüdische Neujahr, zu feiern. Es war eine große Ehre für uns, zu diesem Fest eingeladen zu werden, das normalerweise nur im Kreis der Familie und im engsten Freundeskreis gefeiert wird. Als wir beim Haus dieser Familie ankamen, bereitete man uns einen beispiellosen Empfang. Die Kinder freuten sich wie wild, uns zu sehen, und hatten schon Bilder für uns gemalt. Auch die anderen Familienmitglieder nahmen sich Zeit, um uns kennen zu lernen. Wir waren sehr berührt von dieser Atmosphäre der Liebe, die uns diese Familie entgegenbrachte. Sie tolerierten uns nicht bloß, sondern beschenkten uns mit Liebe! Ich möchte das hier einfach als Ermutigung weitergeben. Wenn Juden und Araber, von denen die Welt denkt, dass sie Feinde sein müssten, mit tiefer Liebe verbunden sein können, dann können auch andere Menschen Versöhnung leben.

Diese Einheit kann nur Gott schenken (Joh. 17,22-23), wenn wir ihm erlauben, an unseren Herzen zu arbeiten und bittere Wurzeln und schlechte Gedanken auszuräumen.

Shlomo Drori mit seinen Eltern Mitte der 30er Jahre

Shlomo Drori
bei der Arbeit

Shlomo und Edit
Drori

Shlomo Drori

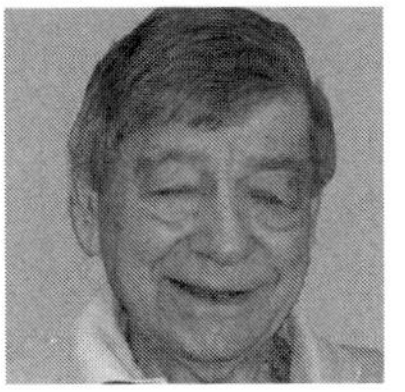

Auf der Suche nach dem Sinn

Shlomo Drori ist als Autor verschiedenster Bücher bekannt. Er lebt heute mit seiner Frau Edit im Senioren- und Pflegeheim Ebenezer in Haifa.

Schicksalsschläge

Ich wurde 1920 in Berlin geboren. Bereits von frühester Kindheit an wurde ich mit Tod, Behinderung, körperlichen Schmerzen, Sorgen, Hilflosigkeit, Frustration und Einsamkeit konfrontiert. Meine Eltern verloren noch vor ihrer Hochzeit nahe Familienangehörige, aber der Schmerz über den Tod ihres ersten Sohnes im Alter von zehn Jahren übertraf alles. Ich war damals vier Jahre alt und das zweite Kind. Zwei Jahre später kam ein weiterer Bruder zur Welt und damit Freude in unser Haus. Sie sollte jedoch nicht lange andauern. Vier Jahre später, als ich zehn Jahre alt war, erkrankte ich an Gehirnentzündung. Als ich mich erholt hatte, zeigte sich, dass ich behindert bleiben würde. Aus medizinischer Sicht war das nicht verwunderlich, aber für meine Eltern und mich stellte sich die Frage, warum die Kette von Unglück und Sorgen nicht abreißen wollte. Meine Eltern fanden darauf keine Antwort, und ich erst recht nicht.

Aber das sollte nicht das Ende unseres Leides bleiben. Ein Jahr später starb mein jüngerer Bruder an einer Hirnhautentzündung. Meine Eltern waren völlig am Boden zerstört und unfähig, mit so vielen Schicksalsschlägen umzugehen. Ich fühlte mich allein gelassen. Neben dem Mitgefühl fehlte mir auch Hilfe, aber ich suchte sie auch nicht so richtig. Ich zog aus dieser Erfahrung den Schluss, dass ich mich nur auf mich selbst verlassen konnte, obwohl ich erst zehn Jahre alt und noch dazu gehbehindert war. Ich konnte nicht richtig laufen, weil mir mein rechtes Bein nicht gehorchte. Hinzu kam, dass ich meine rechte Hand zu nichts gebrauchen konnte, das exakte Bewegungen erforderte, weil sie so zitterte. Ich dachte, ich sei mit meinen Problemen völlig auf mich allein gestellt. Heute weiß ich, dass das nicht stimmt, denn Gott hatte mich nicht im Stich gelassen. Er war die Quelle meiner unglaublichen Willensstärke und Geduld trotz Leiden und Frustration.

Eingeschränkt

Meine Behinderung bestimmte jeden Moment meines täglichen Lebens: gehen, sitzen, liegen, essen und schreiben. Jeder Gebrauch meiner rechten Hand war eingeschränkt, und etwas später wurde auch die linke Hand beeinträchtigt. Hinzu kam, dass mich das dauernde Zittern am Schlafen hinderte.

Trotzdem gab ich nicht auf. Ich war entschlossen, ein einigermaßen normales Leben zu führen, und es war mein Ziel, mich nicht zu beklagen. Ich wollte nicht resignieren und das Schicksal nicht anklagen, sondern für ein lebenswertes Leben kämpfen! Bis 1933 besuchte ich deutsche Schulen, doch aufgrund der von den Nationalsozialisten erlassenen Gesetze musste ich anschließend an eine jüdische Schule wechseln. Auch wenn es seltsam klingen mag: Ich persönlich habe nie Antisemitismus erfahren. Und das, obwohl ich die drei Eigenschaften besaß, die die Nazis am meisten hassten: Ich war jüdisch, intelligent und behindert!

Neun Jahre lang lebte ich eng mit Kindern zusammen und sprach nur wenig mit meinen Eltern. All meine Ferien verbrachte ich in Kindercamps, und in den letzten vier Schuljahren war ich von morgens bis abends in der Schule. Das war keine einfache Situation für mich. Ich war in so vielen Dingen beeinträchtigt, die das Leben eines Kindes bereichern, wie Sport und Spiel, Basteln und Zeichnen. Im sozialen Leben wurde ich wegen meiner körperlichen Erscheinung zurückgewiesen – Kinder können sehr grausam sein! Aber das war nicht alles. Von frühester Kindheit bis zum Alter von zehn Jahren spielte ich am liebsten mit Mädchen, ohne jegliche Hintergedanken und lange bevor sexuelles Verlangen der Grund dafür sein konnte, und mein Freundeskreis bestand hauptsächlich aus Mädchen. Vielleicht war es wegen der Zärtlichkeit und Liebe, die ich so sehr vermisst hatte. Doch mit meiner Behinderung änderte sich alles. Keines der Mädchen wollte mehr meine Freundin sein. Glücklicherweise schenkte mir Gott während meiner Schulzeit zwei Freunde, die wie Brüder für mich waren. Wir waren ein Herz und eine Seele. Der eine war ein Deutscher, der später ein Nazi wurde. Der andere war ein Jude, der später während des Krieges von Nazis ermordet wurde.

Bis 1936 hatte sich mein Leben von der Umgebung unbehelligt abgespielt, doch dann wurde es von der Realität eingeholt. Mein Vater, ein Kieferchirurg, verlor seine Arbeitsbewilligung, und uns blieb die Auswanderung als einziger Ausweg. Obwohl meine Eltern keine Zionisten waren, beschlossen sie, in Palästina ein neues Leben zu beginnen.

Bis zum Aufstieg des Nazi-Regimes war ich mir kaum bewusst gewesen, dass ich Jude war. Meine Eltern hatten sich ihrer Umgebung in Deutschland weitgehend angepasst und bezeichneten sich als Agnostiker. Die einzigen Juden, die ich kannte, waren Verwandte. Doch dies änderte sich, als ich in eine jüdische Schule geschickt wurde. Allerdings fand ich auch dort keine vollkommen jüdische Gemeinschaft vor. Meine Schulkameraden waren alle angepasst, wie ich, und wir erhielten in dieser Schule eine säkulare Erziehung. Äußere Einflüsse hatten uns zusammengebracht, nicht unser Empfinden einer gemeinsamen Identität. Aber niemand, auch kein Kind oder Jugendlicher, kann in einem spirituellen und persönlichen Vakuum leben. Da wir säkular erzogen wurden, war der Zionismus die einzige logische Lösung, ein Ersatz für die Religion. Diese glühende Begeisterung für den Zionismus war es, die viele meiner Mitschüler – mich eingeschlossen – zusammenschweißte. Deshalb freute ich mich natürlich, in die alt-neue Heimat auszureisen. In meiner Naivität ahnte ich nicht, dass meine persönlichen Probleme durch Faktoren und Umstände, die ich nicht beeinflussen konnte, zunehmen würden.

Nach unserer Ankunft in Palästina wollten mich meine Eltern weiterhin zur Schule schicken, obwohl es für sie eine fast untragbare finanzielle Belastung bedeutete. Sie waren überzeugt, dass ich nie eine körperliche Arbeit finden würde. Zuerst war ich auch ihrer Meinung, doch in den Monaten bis zum Schulbeginn nutzte ich die Zeit und sah mir das Leben und die Arbeit auf den Feldern an. Mir war bekannt, dass meine neue Heimat Ärzte, Anwälte, Ingenieure, Lehrer, Händler und Ladenbesitzer brauchte, doch ich wusste auch, dass es in der Diaspora viele Juden mit diesen Berufen gab und dass die neue Heimat vor allem auch Landwirte nötig hatte, was ein sehr untypischer Beruf für Juden ist.

Ich sagte meinen Eltern, dass ich mich dazu entschlossen hätte, nicht weiter auf die Schule zu gehen, sondern Landwirt zu werden, um den Aufbau meiner alt-neuen Heimat zu unterstützen. Damit wollte ich die Geschichte weiterführen, die vor 2000 Jahren unterbrochen worden war. Nie zuvor in meinem Leben hatte ich auch nur im Entferntesten mit körperlicher Arbeit oder Landwirtschaft zu tun gehabt. Ich war als intellektueller Stadtmensch aufgewachsen. Und so war es verständlich, dass meine Eltern völlig schockiert waren, als ich ihnen meine Entscheidung mitteilte. Da sie jedoch so sehr mit ihren eigenen Problemen beschäftigt waren, legten sie mir keine Steine in den Weg.

Ein Stadtkind als Bauer

So wurde ein behinderter 16-Jähriger aus einer europäischen Stadt Bauer in Palästina. 43 Jahre meines Lebens sollte ich in der Landwirtschaft verbringen. Zweimal musste ich während dieser Zeit ganz von vorne anfangen. Die Frage, woher ich eigentlich die körperliche Kraft und den Willen nahm, solch ein anstrengendes Leben zu führen, stellte ich mir nie. Es war ganz normal, dass ich von meiner eigenen Leistung abhängig war, obwohl ich behindert war. Ich bewies jedem, dass ich zumindest in diesem Bereich das tat, was ich wollte.

Ich betrachtete mich als glücklich. Ich war ein guter Zionist, ein Erbauer und Verteidiger des Landes. Tief in meinem Innersten fühlte ich mich jedoch körperlich erschöpft, geistlich leer und überaus einsam. Ich hatte nicht viele enge Freunde. Nachdem mein Vater im Alter von 59 Jahren gestorben war, lebte ich acht Jahre lang bei meiner Mutter. Ich sehnte mich nach einer Lebensgefährtin, aber das schien mir nicht realistisch. Als ich 32 Jahre alt war, geschah es dann doch: Ich lernte meine zukünftige Frau kennen. Heute weiß ich, dass

Gott sie mir schickte. Sie war bereit, mich so zu akzeptieren, wie ich war. Nach neun Ehejahren, als klar war, dass wir keine eigenen Kinder bekommen würden, adoptierten wir ein einjähriges Mädchen. Die Tatsache, dass es ein Mädchen war, zerstörte meine Träume einer Drori-Dynastie von Landwirten. Trotzdem war ich sehr glücklich mit diesem Mädchen. Die Jahre vergingen, und die Sorgen des täglichen Lebens begannen, alles andere zu überschatten.

Der Staat Israel und seine Einwohner wurden immer mehr wie jede andere Nation der Welt. Ideale gehörten der Vergangenheit an. Die neue Gesellschaft, von der die Menschen geträumt hatten, wurde nie Wirklichkeit. Die Leute wurden immer egoistischer, politischer, oder sie wurden religiöse Fanatiker. Mein eigenes Leben näherte sich schnell dem Punkt, an dem ich eine grundlegende Entscheidung treffen musste. Sollte ich aufhören zu arbeiten und die Farm verkaufen, oder sollte ich meine körperlichen Reserven bis zum Schluss ausschöpfen?

Ich schob diese Entscheidung einige Jahre vor mir her, bis sie dann mein Körper für mich traf. 1978 musste ich das Dorf verlassen, und wir zogen nach Haifa. Ich war 58 Jahre alt und – obwohl körperlich völlig abgearbeitet – geistig wach und hungrig. Finanziell hatte ich keine Sorgen, aber wie sollte die Zukunft aussehen? Wie sollte mein Tagesablauf aussehen? Schon in früheren Jahren hatte ich mich gefragt, was der Sinn des Lebens ist. Warum sollte sich einer abrackern und abmühen, leiden und sich hin und wieder freuen? Am Ende steht immer die Niederlage, der Tod ist unausweichlich, ich kannte nur nicht seinen Zeitpunkt. Unterschied sich der Mensch vom Tier? Falls ja, hatten es die anderen Lebewesen da nicht besser, weil sie nichts über ihr Ende wussten? Gab es einen Plan in dieser Welt, oder geschah alles durch Zufall, dieses teuflische Prinzip, das niemand versteht?

Fragen an die Philosophen

Mit dem Umzug vom Land in die Stadt verlor ich meinen Lebensinhalt. Mein Lebenssinn hatte darin bestanden, mein Heimatland zu bebauen. Als ich diese Basis verlor, begann meine Suche in der Philosophie. Ich war mein ganzes Leben lang nichtreligiös und agnostisch gewesen. Nun studierte ich drei Jahre lang Existenzialismus, die wichtigste Strömung in der modernen Philosophie. Am prägendsten war für mich Jaspers, aber ich las auch Heidegger, Kierkegaard und Pascal. Am Anfang war das befriedigend. Ich dachte, ich hätte einen tieferen Sinn im Leben gefunden. Aber diese Befriedigung und dieser Friede waren nicht von Dauer, die Unruhe und innere Leere von früher kehrten zurück. Einerseits weil ich merkte, dass auch Jaspers nicht auf Gott verzichten konnte. Er gab ihm einfach einen anderen Namen. Er akzeptierte die Idee eines höheren Wesens, das sich vom Menschen unterscheidet, das weit entfernt war und sich nicht mehr in die menschlichen Angelegenheiten einmischte.

Der andere Grund für die Rückkehr meiner Zweifel war, dass meine Verwirrung zunahm, je mehr ich mich mit diesen philosophischen Ideen beschäftigte. Ich kam zur Überzeugung, dass alle diese Gedanken rein theoretisch und losgelöst von der Wirklichkeit waren. Sie waren das Produkt menschlichen Denkens, von Wortspielereien. Es waren ins Unreine gesprochene Gedanken.

Also hörte ich auf, mich damit zu beschäftigen. Dafür begann ich, Bücher zu schreiben. Es war schwierig, aber irgendetwas trieb mich dazu. Ich schrieb zwei historische Romane. Einen über Zionismus und die Entstehung des jüdischen Staates («Giora») und einen über den arabisch-jüdischen Konflikt («The Cousins»). Beide Werke waren ziemlich umfangreich (650 bzw. 450 Seiten). Ich schickte die Manuskripte an viele Verlage, aber niemand wollte die Arbeiten eines unbekannten Autors veröffentlichen. Einige hielten sie für «interessant, aber nicht veröffentlichbar». Ich war entmutigt und wurde depressiv. Nur um meiner Familie willen – Frau, Tochter und Mutter – verzichtete ich darauf, meinem Leben ein Ende zu setzen.

Das war in meinem zweiten Jahr in Haifa. Ich wohnte in einem wunderschönen Haus auf dem Karmel-Berg und hatte keine finanziellen Probleme. Ich konnte meinem Körper die Ruhe gönnen, die er so sehr brauchte. Eigentlich hätte ich zufrieden sein können. Warum fühlte ich mich nur so schrecklich leer und niedergeschlagen? Ich brauchte keine Angst vor der Zukunft zu haben. Doch trotz der Ruhe ging es meinem Bein und meinem Rücken nicht besser. Mit meinen Händen wurde es sogar schlimmer. Wenn ich untätig war, wurde ich durch dauerndes Zittern geplagt. Und wenn ich meine Hände gebrauchte, verspannte sich mein ganzer Körper. Ich machte mir ernsthafte Sorgen über diese fortschreitende Verschlechterung. Die Angst vor der Zukunft versetzte mich in Panik. Wie sollte ich alleine mit diesen Problemen fertig werden?

Zu diesem Zeitpunkt fand ich die einzige Wahrheit, den Weg und ewiges Leben. Fast 60 Jahre lang war ich von meinem Schöpfer getrennt gewesen. Ich hatte seine Existenz verneint und nur an mich selbst geglaubt. Ich hatte nicht mit dem Schicksal gehadert oder es angeklagt, sondern es als Herausforderung gesehen, mir die Kraft des menschlichen Willens zu beweisen. Obwohl ich nie religiös gewesen war, kannte ich die Grundlagen des Judentums. Ich kannte seine Ansichten, aber ich konnte sie nie akzeptieren. Warum?

Dafür gab es zwei Gründe: Erstens wollte ich nicht ein total anderes Leben führen. Zweitens hatten die Gesetze während der Nazizeit die Juden zu einem ghettoähnlichen Lebensstil gezwungen. Während dieser Zeit schienen sich alle Juden, egal ob religiös oder säkular, von den Deutschen zu unterscheiden. Daraus schloss ich, dass das Judentum mehr als eine Religion sein musste. Es ist eine Volkszugehörigkeit. Aber wie kann ein Volk ohne sein Land existieren? Der Zionismus war für mich der logische Weg, diese abnormale Situation zu verändern. Die Juden mussten in ihr altes Land zurückkehren, es wieder aufbauen und zu einem unabhängigen Staat machen. Sie mussten zu einer normalen Nation werden, wie alle anderen Völker auf der Welt. Und in diesem Prozess hatte Judaismus keinen Platz. Im Gegenteil: Judaismus betont einen Sonderstatus – und das war es ja gerade, was verändert werden sollte.

Nun, 45 Jahre später, fand ich das rabbinische Judentum sogar hinderlich für normale Beziehungen zwischen den unterschiedlichen Gesellschaftsgruppen der säkularen, Reform-, orthodoxen, sephardischen und aschkenasischen Juden sowie der Araber. Es war auch problematisch im Hinblick auf das friedliche Zusammenleben mit Nachbarländern. Die Religion war stark mit nationalistischen Tendenzen verknüpft und mit rassistischen Ideen vermischt. Deswegen gab es also nichts im Judentum, das mich anzog.

Ohne Sinn

Ich erreichte den Punkt, an dem ich in meinem Leben überhaupt keinen Sinn mehr sah. Mein Vertrauen und mein Glaube an mich waren total zerstört. Ich hatte nichts mehr, auf das ich mich stützen oder woran ich glauben konnte. Die Dinge, die ich in der Vergangenheit verehrt hatte, waren gut und wertvoll, aber sie konnten nie und nimmer Gott ersetzen – den Schöpfer und Erhalter des Universums. Er ist der einzige bleibende und unveränderliche Wert in dieser Welt. Ich verstand allmählich, dass ich nicht eine Religion brauchte, sondern eine persönliche Beziehung zu einem Gott, der voller Liebe, Vergebung und Gnade war. Das rabbinische Judentum konnte mir das nicht bieten. Ich hätte alle 613 Gebote halten müssen. Ich erinnerte mich, dass Jesus, der Christus der Heiden, als ihr Retter bezeichnet wurde. – Ich musste verrückt geworden sein: Shlomo Drori, der bewusste Jude, der in seiner Heimat Israel lebte, interessierte sich für einen heidnischen Gott?

Ich war in Israel, und Jude-Sein war keine Religion. Die Zugehörigkeit zum jüdischen Volk war eine Tatsache, die durch das Blut von sechs Millionen Juden im Holocaust bestätigt worden war. Die Opfer waren alle Arten von Juden gewesen: Orthodoxe, Reformjuden, Atheisten, Judenchristen und sogar nur «halbe» oder «Viertel»-Juden. Ich wurde von Jesus angezogen, aber ich kann nicht sagen, weshalb.

Ich behielt meine Gedanken für mich. Meine Familie wusste nichts von meiner Suche. Da ich nicht wusste, wo ich ein Neues Testament bekommen konnte, stahl ich eines von einem Freund. Nachdem ich es mehrere Male durchgelesen hatte, war mir klar: Das war es, wonach ich gesucht hatte. Am Ende des dunklen Tunnels hatte ich ein helles Licht gefunden! Jesus Christus war der Mittler zwischen mir, dem Sünder, und dem heiligen Gott, meinem Schöpfer! Ich war bereit, ihn als meinen persönlichen Retter anzunehmen. Ihm konnte ich diesen erbärmlichen Shlomo Drori, der gescheitert war, anvertrauen. Er würde der Herr meines Lebens sein.

Ich sprach damals mit niemandem darüber, nicht einmal mit meiner Frau, weil ich sicher war, der einzige Jude im ganzen Land mit solch verrückten Ideen zu sein.

Nicht der einzige verrückte Jude

Nach einiger Zeit, im Frühjahr 1980, schrieb ich an die Lutherische Kirche in Jerusalem und bat dort um Rat. Die Antwort überraschte mich, weil ich darin an die Lutherische Kirche in Haifa verwiesen wurde. Ich freute mich sehr über diese Nachricht und war überzeugt, dass es sich hierbei um eine arabische Gemeinde handelte. Ich sehnte mich nach der Taufe, damit ich in Christus war und er in mir. Deshalb verabredete ich mich mit dem Pastor. Doch zu meinem Erstaunen war er kein Araber, sondern ein Norweger, und die ganze Gemeinde bestand aus jüdischen Gläubigen. Und das war nur eine von über einem Dutzend Gemeinden im ganzen Land. Ich war also nicht der einzige verrückte Jude – es gab noch mehr von meiner Sorte!

Im Herbst wurde ich getauft. Als ich es später meiner Frau erzählte, war sie weder überrascht noch ablehnend. Die Reise, die 60 Jahre gedauert hatte, hatte nun ein Ende – ich war angekommen. Das verlorene Schaf war zu seinem Hirten zurückgekehrt. Die Weide, auf der ich gegrast hatte, war ausgetrocknet, doch nun hatte mich der Herr zu seiner grünen Weide und seinem frischen Wasser geführt. Und, was am wichtigsten ist: «Ich werde bleiben im Haus des Herrn immerdar» (Ps. 23,6).

Der Herr hatte mich schon 50 Jahre zuvor gerufen, auf meiner Reise nach Palästina. Damals hatte ich geglaubt, dass ich Christus nicht nötig habe. Ich hatte das Angebot abgelehnt. Doch Gott schenkte mir in seiner unendlichen Gnade eine zweite Chance. Er wusste, wann ich seine Liebe und Gnade verzweifelt brauchte! 1980 wurde ich von Neuem geboren. Ich erlitt den einzigen Tod, den ein Gläubiger erleiden muss. Mein altes «Ich» starb mit Christus, und ich stand mit ihm zu einer neuen Existenz auf. Nun lebe ich mein Leben in ihm, für immer und ewig!

Mit der Taufe begann der Weg mit Jesus. Ich lernte zu beten, auch in der Öffentlichkeit. Ich erlebte zum ersten Mal echte Gemeinschaft, Liebe und Anteilnahme von anderen. Ich verlor meine Menschenfurcht und Schüchternheit und konnte ohne Angst vor vielen Leuten reden.

Mein körperlicher Zustand hat sich allerdings nicht verbessert, sondern verschlechtert. Ich habe Mühe beim Essen, und auch mein

Sehvermögen ist jetzt beeinträchtigt. Aber ich ärgere mich nicht länger darüber. Ich weiß, auch wenn «unser äußerer Mensch verfällt, so wird doch der innere von Tag zu Tag erneuert» (2. Kor. 4,16). Ich bin nicht mehr lebensmüde. Ich besitze einen Lebenssinn: Jesus Christus. Er ist der einzige Weg und die einzige ewige Wahrheit.

Nicht «Christ»

Ich hatte gedacht, ich würde nun ein so genannter «Christ» werden. Doch in Wirklichkeit wurde ich ein messianischer Jude, weil ich zu Gottes auserwähltem Volk gehöre. Ich habe Jesus nicht nur als meinen persönlichen Retter angenommen, sondern auch als den Messias von Israel, wie er im Alten Testament prophezeit wurde.

Es ist klar, dass ich nie eine positive Beziehung zum rabbinischen Judentum hatte. Ich brauchte keine Religion, und das orthodoxe Judentum stand dem Zionismus feindlich gegenüber. Nach meiner Ansicht war das Judentum die einzig mögliche Religion für einen Juden. Doch gerade das Judentum würde verhindern, dass Israel ein ganz normaler Staat werden würde. Neben der historischen Überlieferung hatte ich wenig Interesse am Alten Testament gehabt. Natürlich lehnte ich die göttliche Verfasserschaft der Bibel ab. Ich hielt das für eine altmodische Überzeugung, die vernünftigem Denken widersprach. Ich hielt mich für einen säkularen israelischen Bürger jüdischer Herkunft, der deshalb auch einen anderen Glauben als das rabbinische Judentum annehmen durfte.

Meine Überraschung war groß, als ich entdeckte, dass es in Israel und in der Diaspora ganze Gemeinden von Juden gab, die an Jesus als ihren Messias glaubten. Dieser jüdische Rest hatte die Wahrheit gefunden und interpretierte die Heilige Schrift richtig. In Wirklichkeit ist der christliche Glaube jüdischer als das rabbinische Judentum, das sich mehr nach menschlichen, mündlich überlieferten Geboten richtet als nach dem Wort Gottes.

Das war eine gute Nachricht für mich. Die Zehntausenden anderen Gläubigen, die als Juden an Jesus glaubten, bestätigten mich in meiner Identität. Das war der erste Schritt. Der zweite war nicht so einfach, weil er eine Veränderung meiner Haltung erforderte. Bis jetzt hatte ich Jesus als meinen persönlichen Herrn und Heiland betrachtet.

Seine Herkunft und seine Beziehung zu Israel interessierten mich nicht. Ich wusste, dass er von den meisten Juden gehasst und zurückgewiesen wurde. Dies war das Resultat von Verfolgung durch so genannte «Christen». Diese negative Haltung Israels brachte ich auch mit dem unnormalen Zustand von Exil und Diaspora in Verbindung. Ich hatte gedacht, der Zionismus würde all das verändern.

Langsam, aber sicher erkannte ich, dass ich hier falsch lag. Jesus Christus war nicht plötzlich vom Himmel gefallen. Er kam zuerst zu Israel. Er war der vorhergesagte Messias, der die Prophetien des Alten Testaments erfüllte. Das Gesetz sprach von stellvertretender Sühne, schon als es am Sinai gegeben wurde. Jesus brachte dieses stellvertretende Opfer für die Sünden aller Völker. Alle Jünger und fast alle Apostel waren Juden. Das ganze Neue Testament ist jüdisch in seinem Stil, Denken und Hintergrund. Und das ganze Konzept des christlichen Glaubens ist so jüdisch, dass es ein wahres Wunder und ein Beweis für Gottes Wirken ist, dass die Heiden es überhaupt angenommen haben. Diese Einsichten veränderten mein Leben. Ich sehe meinen Auftrag darin, Jesus Christus in dem Land bekannt zu machen, in dem er lebte, starb und auferstand.

Mischa Braker in einer Landgemeinde in der Ukraine

Mischa Braker beim Blasen des Schofarhorns

Tamara und Mischa Braker

Mischa Braker

Auf der Suche nach dem jüdischen Gott

Mischa Braker ist Evangelist und Mitarbeiter der «Arbeitsgemeinschaft für das messianische Zeugnis an Israel». Er ist verheiratet mit Tamara und wohnt in Hannover. Dort hat er die messianische Gemeinde «Schofar Chesed Jeschua» aufgebaut.

In der ehemaligen Sowjetunion

Ich wurde 1946 in der ehemaligen Sowjetunion in eine jüdische Familie hineingeboren. Meine Eltern und Verwandten waren nicht sehr religiös, doch ich kann mich noch gut daran erinnern, dass wir gemeinsam die jüdischen Feste feierten. Besonders eindrücklich war für mich ein Fest, bei dem mein Großvater über meinem Kopf ein Huhn hin und her schwang, was ich natürlich sehr lustig fand. Heute weiß ich, dass dieser Brauch am Nachmittag vor Jom Kippur, dem Versöhnungstag, üblich ist, jedoch nichts mit der Heiligen Schrift zu tun hat.

Wir waren die einzige jüdische Familie in unserer Straße. Trotzdem hatten wir zu unseren Nachbarn ein gutes Verhältnis. Meine Mutter gab zahlreichen Nachbarskindern Englischunterricht in der Schule, und viele von ihnen kamen auch einfach so gerne zu uns nach Hause – nicht zuletzt, weil meine Großmutter sie mit jüdischen Spezialitäten und Süßigkeiten verwöhnte.

Nach der Schule wurde ich Musiker und Fotograf, zwei sehr interessante Berufe. Meine Arbeit hat mir immer sehr viel Freude gemacht. Doch irgendwie stellte sich mir gegen Ende der 1980er Jahre immer wieder folgende Frage: Was ist der Sinn meines Lebens? Obwohl ich eine liebe Frau, nette Kinder, gute Freunde und eine Arbeit hatte, war ich innerlich unzufrieden. Eine große Leere machte sich in mir breit.

Ich suchte eine Antwort in verschiedenen philosophischen Büchern. Doch das brachte mich nicht weiter.

Ich suchte etwas Bestimmtes

Dann befasste ich mich mit fernöstlichen Religionen. Doch diese riefen bei mir nur inneren Protest hervor. Ich suchte etwas Bestimmtes, das ich nicht finden konnte. Das machte mich innerlich sehr unruhig, und mein Unbehagen wuchs mehr und mehr. Eines Tages begegnete ich meiner alten Nachbarin. Ich fragte sie, wohin sie so oft fahre. Sie antwortete mir: «Zum Gebetshaus.» Ich wusste nicht, was das war, und fragte nach. Sie erzählte mir, dass sie dort die Bibel lesen und beten würde. Das war für mich etwas Neues. Später erwähnte ich einmal, dass ich Jude sei. Darauf sagte sie: «Oh, du bist Jude. Ich lese dein Buch und glaube an deinen Gott.» «Was ist mein Buch?», wollte ich wissen. Sie antwortete: «Die Bibel.» Sie brachte mir dann ein Neues Testament. Ich habe es gelesen, jedoch nicht verstanden, was diese Hinweise auf das Alte Testament sollen. So bat ich um eine ganze Bibel. Ich schlug diese auf und begann darin zu lesen. Und obwohl ich die Bibel noch nicht kannte, fühlte ich tief in mir, dass hier stand, was ich gesucht hatte. Ich konnte gar nicht genug von diesem Buch bekommen. Aus der Bibel erfuhr ich, dass mein Volk das auserwählte Volk Gottes ist, um allen Völkern das Heil Gottes für die Menschen zu verkünden. Ich lernte die Geschichte meines Volkes kennen und las, dass mein Volk gegen Gott gesündigt hatte. Ich sah, dass das jüdische Volk schon lange auf einen Messias wartete. Irgendwann las ich in den Propheten, dass Gott mit meinem Volk einen ewigen Bund schließen wird (Jer. 32,40). War der Bund mit Abraham oder Mose etwa nicht ewig?

Die Antwort auf diese Frage fand ich im Neuen Testament. Dort stand, dass Gott seinen Sohn in die Welt sandte, um den Neuen Bund aufzurichten. Wer an ihn glaubte, sollte im Neuen Bund stehen und das ewige Leben haben. Was sollte ich nun tun? Ich erkannte, was es heißt, Jude zu sein. Dies ist nicht nur eine Volkszugehörigkeit, sondern eine göttliche Berufung. Ich erkannte, dass ich ein Sünder war und dass der Messias Jeschua für mich gestorben und auferstanden war. Deshalb betete ich um die Vergebung meiner Sünden. Jeschua schenkte mir ein völlig neues Leben, gab mir ein neues Herz, inneren Frieden und echte Freude.

Mein ganzes Leben lang hatte ich gestottert. Ich fühlte, dass ich ein neuer Mensch war. Nach einigen Tagen bemerkte ich auf einmal, dass ich nicht mehr stotterte. Damals wusste ich noch nicht, dass Gott uns heilen kann. Er hat dies ohne meine Bitte getan. Ich nahm die Taufe (Twila) an, und auch meine Frau Tamara fand ein Jahr später zum Glauben an den Messias.

Mir wurde klar, dass Gott mich dazu berufen hatte, dem jüdischen Volk das Evangelium weiterzusagen. Damit begann ich 1991 in meiner Stadt in der Ukraine. 1993 reisten wir nach Deutschland aus, und seit 1995 verkündige ich als Mitarbeiter der «Arbeitsgemeinschaft für das messianische Zeugnis an Israel» (amzi) meinem Volk in Deutschland Gottes Wort. Der Feigenbaum blüht auf! Im Juni 1998 fand meine 80-jährige Mutter und nach weiteren sieben Tagen auch meine jüdische Tante den Weg zum Messias. Durch meinen Glauben an den Messias bin ich Jude geblieben. Ich feiere die Feste des Herrn und den Schabbat nach jüdischer Tradition. In den Festen kann man Jeschua erkennen. Ich weiß, dass Gott meinem Volk irgendwann die Augen öffnen wird, damit sie *ihn*, den sie als Messias abgelehnt haben, erkennen werden.

Heute lebe ich als Evangelist in Hannover. Dort leite ich zusammen mit den Ältesten die messianische Versammlung «Schofar Chesed Jeschua». Dieser Name sagt aus, was wir glauben: Gottes Ruf der Gnade in Jeschua. Wir freuen uns über die Einheit unter uns Ältesten: einem messianischen Juden, einem Deutschen und einem Russlanddeutschen.

Jeschua, der Dreh- und Angelpunkt

In vielen Gesprächen erlebe ich, dass sich an Jesus die Geister scheiden. Da war zum Beispiel ein älterer Mann, der unsere Versammlung in Hannover besuchte. Er hatte Mühe mit allem, was mit Jesus zu tun hatte. So sang er zwar bei den Liedern mit, doch sobald der Name Jesus kam, schwieg er. Nach einiger Zeit begann er dann – wenn auch zaghaft – den Namen Jesus mitzusingen. Doch als ein arabischer Christ unsere Versammlung besuchte, kam der ältere Mann anschließend zu mir und warnte mich: «Du solltest diesen Araber nicht so herzlich willkommen heißen und ihn nicht umarmen. Vielleicht ist er ein Terrorist und möchte uns töten.» Darauf meinte ich: «Wenn das passiert, dann komme ich in den Himmel.» Da rief er: «Das ist schön für dich, aber wohin komme ich dann?» Ich erwiderte: «Du weißt, Jesus ist der Weg dahin.» «Ja», sagte er, «ich möchte ja schon glauben, aber mit der Frage, wer Jesus ist, bin ich noch nicht fertig.» Ich bete, dass Menschen wie er erkennen, dass Jeschua *die* Antwort ist.

Jeschu oder Jeschua?

Neben meiner Tätigkeit in Deutschland unternehme ich jedes Jahr mindestens eine Evangelisationsreise in die Ukraine, wo ich jeweils verschiedene Kontakte knüpfe. Ich besuche unterschiedliche christliche Gemeinden, unterrichte an einem Seminar und arbeite auch mit unterschiedlichsten Juden zusammen. Einmal war ich mit «Juden für Jesus» bei einem ihrer Sraßeneinsätze. Ich sprach mit orthodoxen Juden. Im Gespräch mit einem von ihnen wurde mir so richtig bewusst, wie wichtig es ist, die Hintergründe des Judentums zu kennen, damit man einem Menschen jüdischen Glaubens von Jeschua erzählen kann. Dieser Mann sagte zu mir: «Du kennst den Tenach [das Alte Testament] und das Judentum gut. Es ist interessant, mit dir zu reden. Ich dachte, die messianischen Juden kennen das Judentum nicht.» Er war der Meinung, Jesus könne nicht der Messias sein. Orthodoxe bezeichnen Jesus oft als «Jeschu». Jeschu ist ein Schimpfwort und meint: «Der Name, der ausgelöscht werden soll.» Im Laufe der Diskussion sagte er dann: «Jeschua ist für uns Juden eine bessere Bezeichnung für Jesus.» Nach solchen Begegnungen bete ich, dass die Menschen in Jesus wirklich den jüdischen Messias erkennen.

Umweg über Moskau

Manchmal ist ein besonderes Erlebnis nötig, damit Menschen auf Jesus aufmerksam werden. Wie bei jenem Mann, der eines Tages in unsere Versammlung in Hannover kam. Er war einen Monat lang in Moskau gewesen. Dort hatte ihn auf der Straße plötzlich eine Frau angesprochen: «Sind Sie ein Jude?» Er antwortete: «Ja, warum?» Sie sagte: «Haben Sie schon einmal etwas von ‹Juden für Jesus› gehört?» Darauf lud sie ihn zur Schabbat-Versammlung ein. Als er wieder in Hannover war, sagte er zu mir: «Ich verstehe das nicht. Da waren Tausende von Leuten. Warum hat die Frau gerade mich angesprochen?» Gott gebraucht seine Diener auf der ganzen Welt, um jüdischen Menschen zu zeigen, dass er sie liebt.

Oft benötigt man in der Arbeit unter Juden viel Geduld. Wie bei jenem Gespräch mit einem älteren Ehepaar. Der Mann konnte nicht nachvollziehen, warum Gott eins ist und uns doch in drei Personen begegnet. Als Jude glaubt man an *einen* Gott. Ich erklärte ihm, was ich glaube. Seine Frau beteiligte sich nicht am Gespräch. Es schien, als wäre sie eingenickt. Plötzlich hob sie ihren Kopf und sagte: «Ich verstehe. Er ist Gott – deshalb kann er alles machen.» Genau da liegt die große Herausforderung des Glaubens: Gott alles zuzutrauen.

Neues Herz?

Ein Mann aus unserer Versammlung musste sich einer Herzoperation unterziehen. Aus dem Krankenhaus rief er mich an und bat mich, für ihn zu beten. Er hatte sich bis dahin immer wieder kritisch geäußert, und so fragte ich ihn, ob er jetzt einfach aus Angst beten wolle. Er antwortete: «Ich habe alles verstanden, was du lehrst. Was auch immer passiert, ich möchte ins Paradies kommen. Ich möchte, dass Jeschua mein Retter ist.» So betete ich am Telefon mit ihm. Als ich ihn am Abend vor der Operation besuchte, sagte er, dass er sich vollkommen anders fühle und wisse, dass er zu Gott komme.

Die Operation verlief gut. Als ich ihn nach der Operation besuchte, sagte er: «Ich habe gemerkt, dass viele für mich gebetet haben.» Er äußerte auch den Wunsch, Gott für alles zu danken.

Auch in einem anderen Fall führte eine Erkrankung zu mehr Offenheit. Ich wurde zu einem nichtjüdischen Mann gerufen, der wegen eines Schlaganfalls einseitig gelähmt war. Er war Musiker und hatte sich sein ganzes Leben lang nicht um Gott gekümmert. Durch einen jüdischen Freund hatte er von mir erfahren. Als ich bei ihm war, wollte er mit mir über Gott sprechen. Er sagte, dass er Gott in seinem ganzen Leben nicht gebraucht habe. Doch er sehe, dass Gott durch diese Krankheit zu ihm sprechen wolle. Nun wünschte er sich, Gott kennen zu lernen. Ich gab ihm eine Bibel und ein Büchlein mit Bibelworten.

Kommt ihr in den Himmel?

Für uns war ein ganz besonderer Höhepunkt, als unsere siebenjährige Enkelin Valerie Jesus in ihr Herz einlud. Das ging so: Eines Abends rief mich die Kleine zu sich und sagte: «Ich habe eine wichtige Frage. In einem christlichen Buch habe ich gelesen, dass Zachäus Jesus in seine Wohnung eingeladen hat. Ich möchte das auch.» Darauf antwortete ich: «Es ist wichtiger, dass Jesus in deinem Herzen lebt. Auch bei Zachäus kam Jesus nicht nur in die Wohnung, sondern in sein Herz.» Sie sagte: «Das will ich auch!» «Was willst du?», fragte ich sie. «Dass Jesus in mein Herz kommt», erwiderte sie. «Und warum willst du das, Valerie?», wollte ich wissen. «Weil er Gott ist und uns hilft», war ihre logische Antwort. Ich brachte es auf den Punkt: «Weißt du, wie du ihn einladen kannst?» «Nein», meinte sie. Ich sagte ihr: «Du musst einfach beten und es ihm sagen.» Sie hat dann im Gebet ganz bewusst Jesus in ihr Herz eingeladen.

Am nächsten Schabbat gab sie folgendes Zeugnis in der Versammlung: «Guten Tag, liebe Juden, ich freue mich, dass ihr zum Schabbat gekommen seid und dass ihr glaubt, dass es einen Gott gibt. Was denkt ihr? Kommt ihr in den Himmel? Ihr seid sehr gute Leute, aber kommt ihr in den Himmel? Ich wünsche euch viel Glück und viel Gesundheit und alles Gute.» Das war für viele Besucher ein ganz besonderes Erlebnis und hat viele im Herzen angesprochen.

89-Jähriger will unbedingt getauft werden

Einige ältere Leute können leider nicht mehr in unsere Versammlungen kommen, weil ihnen der Weg zu beschwerlich geworden ist. Deshalb treffe ich mich jede Woche in einer Privatwohnung mit ihnen.

Körperlich eingeschränkt war auch ein 89-Jähriger: Bei einem Sturz hatte er sich vier Rippen gebrochen. Doch das trübte seine Laune keineswegs: «Ich bin zufrieden, weil Jesus bei mir ist.» Seit er vor einigen Monaten einen Schlaganfall erlitten hatte, konnte er zwar nicht mehr regelmäßig die Gottesdienste besuchen, aber es ging ihm doch wieder recht gut. Er nahm alles aus Gottes Hand an. Er wollte sich auch taufen lassen. Da es seine Gesundheit nicht anders zuließ, taufte ich ihn in der Badewanne seiner Wohnung. Nach der Taufe meinte er: «Mein ganzes Leben lang habe ich Jesus geliebt, aber erst jetzt habe ich getan, was ich tun musste. Er hat mir ein langes Leben geschenkt, und ich gehöre ihm!»

Nach Jahren Frieden gefunden

Vor ein paar Tagen rief uns ein alter Bekannter aus Nordhausen an, wo wir früher einmal gewohnt hatten. Seit etwa neun Jahren hatten wir uns nicht mehr gesehen. Damals hatten wir oft intensive und manchmal auch sehr schwierige Gespräche miteinander geführt. Der Mann war evangelisch, doch er hatte auch so manches von den Zeugen Jehovas übernommen. Über Umwege hatte er meine Telefonnummer bekommen. Freudig erzählte er mir, dass er nun an Jesus glaube und ihm sein Leben anvertraut habe. Ich kann nur staunen, wie Gott in seiner Treue diesem Mann das Herz geöffnet hat.

Immer wieder treten Gemeinden an mich heran, da sie mehr über das Judentum erfahren möchten. Vor einiger Zeit wurde ich von den Jugendlichen einer Baptistengemeinde gebeten, in ihrer Gemeinde etwas zu diesem Thema zu erzählen. Diese Jugendlichen hatten zuvor Israel besucht und einer Gemeinde bei verschiedenen Einsätzen geholfen. Dabei war ihnen klar geworden, dass sie viel zu wenig über das Judentum wussten, um mit Juden über den Glauben sprechen zu können. Ich nahm ihre Einladung an und erklärte in ihrer Gemeinde, was es bedeutet, Jude zu sein. Auch in der Ukraine durfte ich Seminare über die jüdischen Spuren im Neuen Testament durchführen. Gerne bin ich bereit, in Gemeinden Seminare zu diesem Thema zu halten und aufzuzeigen, wie Juden und messianische Juden den Glauben verstehen und wie wir Einwanderern jüdischer Herkunft begegnen können.

Interview mit Mischa Braker

Was ist das Ziel eurer Versammlung?

Ich sehe ein zweifaches Ziel in unserer Arbeit. Einmal wollen wir die Gute Nachricht vom jüdischen Messias Jeschua unter Juden weitergeben. Zum anderen wollen wir ein gutes Beispiel dafür liefern, dass messianische Juden und deutsche Christen zusammen leben können. Das meinte Paulus ja, als er im Epheserbrief schrieb, dass der «Zaun», der Juden und Nichtjuden getrennt hat, durch Jeschua niedergerissen ist. Die Zusammenarbeit zwischen jüdischen und deutschen Geschwistern war in der Kirchengeschichte lange nicht möglich und wurde durch die jüngere deutsche Geschichte fast ganz unmöglich gemacht. Jetzt findet das – wenn auch in kleinen Verhältnissen – hier im Miteinander mit der FeG Hannover statt, deren Räume wir benutzen. Wir geben sozusagen «Anschauungsunterricht».

Das klingt wunderbar, nur wird das in der Praxis sicher auch Schwierigkeiten mit sich bringen. Beide – Juden und deutsche Christen – haben ja ihre eigene Geschichte und Tradition, sozusagen ihre eigene Identität. Kann da ein enges Miteinander überhaupt Wirklichkeit werden, ohne dass die beiden irgendwie ihre Identität preisgeben müssen?

Gut ... wir werden niemals zusammen eine Gemeinde sein. Vielleicht hilft ein Bild, das besser zu verstehen: Beide Gemeinden sind in ihrem eigenen Bus unterwegs – aber auf einem gemeinsamen Weg und zu einem gemeinsamen Ziel. Im einen Bus geht es so zu, wie es dessen Mitfahrende gewohnt sind. Das ist eben ihre Tradition. Im anderen Bus herrscht eine andere Tradition. Manchmal sollten wir auch von einem Bus in den anderen umsteigen. Aber wir bleiben beide sozusagen grundsätzlich in dem «Bus der eigenen Identität». Wir sind in Christus eins, doch unsere Verschiedenheit hört damit nicht auf. Sie muss auch gar nicht aufhören.

Das merkt man ja schon allein daran, dass ihr als jüdisch-messianische Versammlung am Freitagabend eure Schabbat-Gottesdienste feiert, während die FeG ihre Gottesdienste am Sonntagmorgen feiert.

Ihr habt eure Kultur (Musik, Sprache, Umgangsart), so auch die FeG. Ihr feiert die Feste nach jüdischer Tradition, und die FeG orientiert sich an der christlichen Tradition. Dennoch – um dein Bild zu gebrauchen: Warum sollen die beiden Busse an den gleichen Raststätten anhalten, damit ihre Mitfahrer aussteigen und Gemeinschaft haben können?

Weil wir voneinander lernen können. Die nichtjüdischen Christen können in der Begegnung mit messianischen Juden wieder zu ihren Wurzeln vordringen. Sie können lernen, die Bibel mit jüdischen Augen zu lesen. Denn ohne die Kenntnis des jüdischen Kontextes wird man die Mission Jesu nicht völlig verstehen. Sicherlich können wir auch voneinander lernen, was unsere unterschiedliche Mentalität und Kultur angeht. Wir Juden können von den Deutschen etwas von ihrer «Ordnungsliebe» lernen, von ihrer Systematik und Zielstrebigkeit.

Was wünschst du dir für das Miteinander von messianischen Juden und Christen?

Ich wünsche mir erstens, dass eine neue Liebe und ein neues Interesse am Volk Gottes entstehen, die sich auch im Gebet für Israel niederschlagen. Wobei wahre Liebe für Israel immer auch heißt, dafür zu beten, dass Israel Buße tut und Jeschua als Messias erkennt. Deswegen gilt es, auch Juden zur Umkehr zu Jeschua zu rufen. Zweitens wünsche ich mir, dass die Begegnungen zwischen messianischen Juden und Christen neu aufleben und Gestalt gewinnen. Vielleicht sollten wir uns alle an dieser Stelle fragen: «Wo kann ich persönlich auf den anderen zugehen?» Und drittens wünsche ich mir, dass wir messianischen Juden mehr deutsche Lieder singen lernen. Wir haben damit bereits in der Schabbat-Feier angefangen. Und vielleicht lernt ihr, im deutschen Gottesdienst vermehrt jüdisch-messianische Lieder zu singen.

In der gleichen Serie sind erschienen:

Shlomo Drori / Jurek Schulz
Von Eden bis zum Paradies
Gottes Heilsgeschichte in Vergangenheit, Gegenwart und Zukunft

- Eine einmalige Darstellung der Heilsgeschichte
- Ein neuer Blick für Gottes Handeln
- Wissenswertes über die messianische Bewegung

Hanspeter Obrist (Herausgeber)
Feste Israels
Die Feste erzählen Gottes Heilsgedanken

- Eine prägnante Darstellung von Israels Festen
- Eine Bereicherung für jeden Bibelleser
- Mit messianischer Passah-Haggada

Tuvya Zaretsky (Herausgeber)
Das Evangelium – auch für Juden
Gedankenanstoß aus der messianischen Bewegung

- Basiswissen zur Evangeliumsverkündigung unter Juden
- Stellungnahme zu einer umstrittenen theologischen Frage
- Kompetente Darstellung der heutigen Situation

Die Arbeitsgemeinschaft für das messianische Zeugnis an Israel

- **unterstützt** jüdisch-messianische und arabisch-christliche Gemeinden und Institutionen in Israel
- **fördert** das messianische Zeugnis in europäischen Ländern
- **informiert** über die messianische Bewegung und über die Situation im Nahen Osten (Zeitschrift «Messianisches Zeugnis»; Gebets- und Informationsmail)

www.amzi.org
info@amzi.org

amzi
Postfach 550 110
D-22561 Hamburg
Tel. +49 (0)40 866 28 660
Fax +49 (0)40 866 28 661

amzi
Hauingerstraße 6
D-79541 Lörrach
Tel. +49 (0)7621 18 105
Fax +41 (0)61 712 11 34

amzi
Postfach amzi
CH-4153 Reinach BL
Tel. +41 (0)61 712 11 38
Fax +41 (0)61 712 11 34

www.amzi.org

Hanspeter Obrist (Herausgeber)
Den jüdischen Messias erlebt